Access 2010

Access 2010

leicht – klar – sofort

IGNATZ SCHELS

Markt+Technik

Bibliografische Information der Deutschen Nationalbibliothek
Die Deutsche Nationalbibliothek verzeichnet diese Publikation in der
Deutschen Nationalbibliografie; detaillierte bibliografische Daten
sind im Internet über http://dnb.d-nb.de abrufbar.

Die Informationen in diesem Produkt werden ohne Rücksicht auf einen
eventuellen Patentschutz veröffentlicht.
Warennamen werden ohne Gewährleistung der freien Verwendbarkeit benutzt.
Bei der Zusammenstellung von Texten und Abbildungen wurde mit größter
Sorgfalt vorgegangen.
Trotzdem können Fehler nicht vollständig ausgeschlossen werden.
Verlag, Herausgeber und Autoren können für fehlerhafte Angaben
und deren Folgen weder eine juristische Verantwortung noch
irgendeine Haftung übernehmen.
Für Verbesserungsvorschläge und Hinweise auf Fehler sind Verlag und
Herausgeber dankbar.

Alle Rechte vorbehalten, auch die der fotomechanischen Wiedergabe und der
Speicherung in elektronischen Medien.
Die gewerbliche Nutzung der in diesem Produkt gezeigten Modelle und Arbeiten
ist nicht zulässig.

Fast alle Hardware- und Softwarebezeichnungen und weitere Stichworte und sonstige
Angaben, die in diesem Buch verwendet werden, sind als eingetragene Marken geschützt.
Da es nicht möglich ist, in allen Fällen zeitnah zu ermitteln, ob ein Markenschutz besteht,
wird das ® Symbol in diesem Buch nicht verwendet.

10 9 8 7 6 5 4 3 2 1

13 12 11

ISBN 978-3-8272-4562-5

© 2011 by Markt+Technik Verlag,
ein Imprint der Pearson Education Deutschland GmbH,
Martin-Kollar-Straße 10–12, D-81829 München/Germany
Alle Rechte vorbehalten
Covergestaltung: Thomas Arlt, tarlt@adesso21.net
Titelfoto: Fotolia.de, Music on the street © Armin Lehnhoff
Kapitelanfangsbilder für Kapitel 7: Philipp Burkart
Lektorat: Birgit Ellissen, bellissen@pearson.de
Korrektorat: Marita Böhm
Herstellung: Monika Weiher, mweiher@pearson.de
Satz: Ulrich Borstelmann, Dortmund (www.borstelmann.de)
Druck und Verarbeitung: Drukarnia Dimograf, Bielsko-Biala
Printed in Poland

Inhaltsverzeichnis

Liebe Leserin, lieber Leser, ...9

Die Tastatur — 10

Navigationstasten 10
Schreibmaschinen-Tastenblock... 11
Sondertasten, Funktionstasten,
Kontrollleuchten, Zahlenblock.. 11

1 Datenbankgrundlagen — 13

Die wichtigsten Begriffe 14
Laufwerke, Dateien und Ordner 20
Access 2010 – der Start 24
Menüband und Symbolleiste für den Schnellzugriff... 35
Die Access-Optionen 38
Die Beispieldatenbank Northwind Traders 44
Kleine Erfolgskontrolle 53

2 Mit Datenbankvorlagen arbeiten — 55

Die Beispielvorlagen 56
Eine Aufgabendatenbank 57
Der Navigationsbereich 62
Registerkarten und Fenster 66
Kleine Erfolgskontrolle 71

3 Adressen und Kontakte Teil 1: Tabellenentwurf — 73

Adressverwaltung planen... 74
Eine neue Datenbank 75
Der erste Tabellenentwurf 77
Tabelle mit Daten füllen 83
Tabellenstruktur erweitern 89
Daten sortieren und filtern 112
Kleine Erfolgskontrolle 120

4 Adressen und Kontakte Teil 2: Verknüpfungen, Formulare und Berichte — 123

- Die erste relationale Verknüpfung 124
- Relationale Beziehungen überprüfen 134
- Schnelle automatische Formulare 136
- Ein automatischer Bericht für die Adressliste 142
- Kleine Erfolgskontrolle 147

5 Multimedia-Archiv Teil 1: Tabellen und Formulare — 149

- Vier Tabellen für das Multimedia-Archiv 150
- Formulare erstellen mit dem Formular-Assistenten 158
- Kleine Erfolgskontrolle 173

6 Multimedia-Archiv Teil 2: Abfragen und Berichte — 175

- Das Multimedia-Archiv 176
- Abfragen erstellen... 179
- Abfrage mit dem Assistenten erstellen.. 184
- Daten in der Abfrage sortieren 188
- Abfragen filtern mit Kriterien 193
- Abfragen mit Rechenfunktion.. 197
- Bericht mit Gruppierung anlegen 202
- Der erste Bericht 203
- Kleine Erfolgskontrolle 214

7 KFZ-Verwaltung und Fahrtenbuch — 217

- Datenbankentwurf und Erfassungsformular... 218
- Ein Erfassungsformular für Dienstfahrten 226
- Formulardesign mit Steuerelementen 229
- Berechnete Felder in Formularen... 236
- Spezialabfragen 240
- Datenbanken mit Excel-Tabellen verknüpfen... 253
- Abfragen mit Excel-Tabellen 262
- Kleine Erfolgskontrolle 269

8 Vereinsverwaltung 271

Vereinsdatenbank entwerfen 272
Formulare gestalten 276
Spezialabfragen 290
Ein Etikettenbericht..295
Serienbrief in Word erstellen...299
Kleine Erfolgskontrolle 304

9 Hilfe und Troubleshooting 307

Wie erhalte ich schnell Hilfe? 308
Problem & Lösung... 312

Antworten zu den Erfolgskontrollen 319

Lexikon 325

Stichwortverzeichnis 333

Liebe Leserin, lieber Leser,

herzlich willkommen in der Welt der Datenbanken. Ich freue mich, dass Sie mein Buch aus der Easy-Reihe gewählt haben, um mehr über das Datenbankprogramm Access 2010 zu erfahren. Ich versichere Ihnen, Sie werden eine Menge lernen und viel Spaß mit Access 2010 haben.

Ihr Easy-Buch macht es Ihnen einfach: Keine graue Theorie, sondern Praxis pur ist angesagt. Sie finden in jedem Kapitel ein Praxisbeispiel, mit dem Sie sofort die wichtigsten Techniken der Datenbankentwicklung ausprobieren können. Der Schwierigkeitsgrad erhöht sich mit jeder Kapitelnummer, beginnen Sie also am besten mit dem ersten Kapitel. Neben dem unentbehrlichen Grundlagenwissen werden Sie gleich erste Datenbankentwürfe gezeigt bekommen. Dann geht es weiter mit dem Datenbankdesign und etwas komplexeren Aufgaben. Und mit etwas Geduld und Fleiß werden Sie schon bald in der Lage sein, auf professionelle Weise Tabellen, Formulare, Abfragen und Berichte zu entwerfen.

In den weiteren Kapiteln geht es dann um Spezialabfragen und ausgefeilte Formulartechniken. Und wenn Sie Ihr Easy-Buch zu Access 2010 durchgearbeitet haben, werden Sie schon bald anspruchsvolle Aufgaben im Datenbankbereich lösen können. Nutzen Sie auch die Lernkontrollen am Ende jedes Kapitels, um Ihre Kenntnisse zu testen und kleine Wissenslücken zu füllen.

Falls Sie Hilfestellungen benötigen, schlagen Sie einfach im letzten Kapitel nach. Hier finden Sie neben der Beschreibung der Hilfefunktion auch viele kleine Problemlösungen aus der Praxis.

Nun wünsche ich Ihnen viel Spaß und viel Erfolg mit Access 2010 und Ihrem M+T Easy-Buch!

Ihr Autor

Ignatz Schels

Die Tastatur

Auf dieser Doppelseite sehen Sie, wie Ihre Computertastatur aufgebaut ist. Damit es für Sie übersichtlich ist, werden Ihnen immer nur bestimmte Tastenblöcke auf einmal vorgestellt. Ein großer Teil der Computertasten funktioniert wie bei der Schreibmaschine. Es gibt aber noch einige zusätzliche Tasten, die auf Besonderheiten der Computerarbeit zugeschnitten sind.
Sehen Sie selbst ...

Navigationstasten

Mit diesen Tasten bewegen Sie sich auf dem Bildschirm.

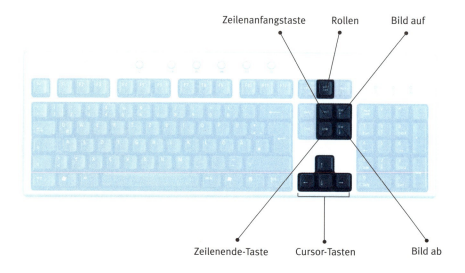

Die Tastatur

Schreibmaschinen-Tastenblock

Diese Tasten bedienen Sie genauso wie bei der Schreibmaschine.
Mit der Eingabetaste schicken Sie außerdem Befehle an den Computer ab.

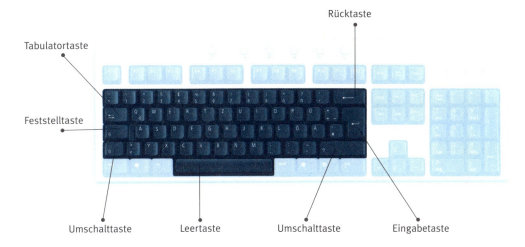

Sondertasten, Funktionstasten, Kontrollleuchten, Zahlenblock

Sondertasten und Funktionstasten werden für besondere Aufgaben bei der Computerbedienung eingesetzt. [Strg]-, [Alt]- und [AltGr]-Taste meist in Kombination mit anderen Tasten. Mit der [Esc]-Taste können Sie Befehle abbrechen, mit Einfügen und Entfernen u. a. Text einfügen oder löschen.

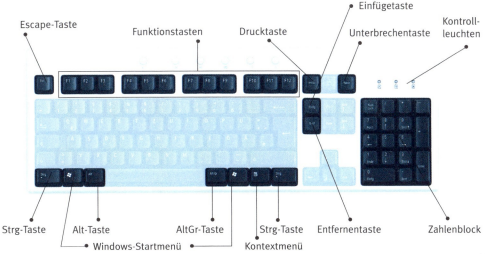

11

Das lernen Sie neu

Die wichtigsten Begriffe	14
Laufwerke, Dateien und Ordner	20
Access 2010 – der Start	24
Menüband und Symbolleiste für den Schnellzugriff	35
Die Access-Optionen	38
Die Beispieldatenbank Northwind Traders	44

Kapitel 1

Datenbankgrundlagen

Was ist eine Datenbank? Und wie entsteht eine Datenbank mit Microsoft Access? Diese Fragen klären wir im ersten Kapitel. Sie werden zunächst mit den wichtigsten Grundbegriffen vertraut gemacht, dann lernen Sie die Oberfläche und die Bedienungselemente Ihres Datenbankprogramms kennen. Am Beispiel „Northwind Traders" sehen Sie, wie eine professionelle Datenbank aufgebaut wird.

Kapitel 1

Die wichtigsten Begriffe

Microsoft Access ist ein Datenbankprogramm, kurz DBMS (**D**atenbank-**M**anagement-**S**ystem). Mit Access erzeugen Sie Datenbanken und speichern diese als Dateien auf Ihrem Datenträger (Festplatte). Eine Datenbank verwaltet Daten, und diese werden entweder intern erfasst oder aus externen Quellen wie zum Beispiel aus Excel oder aus Textdateien importiert.

Die Ausgestaltung dieser Datenbank wird als Datenbankentwurf bezeichnet, und dafür stellt das DBMS Access zahlreiche Werkzeuge zur Verfügung.

Eine Datenbank ist also eine Datei, die alle Elemente zur Erfassung, Speicherung und Verwaltung von Daten enthält. Das sind zum Beispiel Tabellen, Formulare, Abfragen und Berichte. Eine Datenbank enthält natürlich auch die Daten wie Kundenadressen, Artikel, Bestellungen, Rechnungen oder Verknüpfungen auf externe Quellen.

Tabellen

Die Tabelle ist das Datenbankelement, in dem die Daten gespeichert werden. Die Zeilen einer Tabelle werden Datensätze genannt, die Spalten heißen Felder. Jedes Feld braucht einen Feldnamen, der die Daten in der Spalte eindeutig bezeichnet. Hier eine Beispieltabelle **Kunden** mit fünf Spalten und fünf Zeilen oder, in der Datenbanksprache, mit fünf Feldern und vier Datensätzen. Die erste (oberste) Zeile enthält die Feldnamen:

Kundenr	Kunde	PLZ	Ort	Geburtsdatum
1001	Franz Gruber	21302	Hamburg	12.05.90
1002	Helga Frisch	71233	Stuttgart	21.08.80
1003	Willi Schnell	80377	München	03.01.66
1004	Bernd Glas	85403	Neuburg	12.10.70

Im Tabellenentwurf wird festgehalten, welche **Feldeigenschaften** jedes einzelne Feld hat. Feldeigenschaften definieren zum Beispiel, wie viele Zeichen ein Feld enthalten kann, welche Datentypen (Text, Zahl, Datum) erlaubt sind und in welcher Form die Daten erfasst werden. Tabellenfelder können auch vordefinierte Inhalte haben – zum Beispiel das Tagesdatum – und ihren Inhalt aus anderen Feldern berechnen.

Die wichtigsten Begriffe

Wird eine Tabelle neu erstellt, erhält der Tabellenentwurf die Feldnamen und die Feldeigenschaften. Eine Eigenschaft des Feldes »Nachname« könnte beispielsweise die Feldlänge sein:

```
Feldname: Nachname

Inhalt: Text

Größe: mindestens 1, maximal 50 Buchstaben
```

Noch ein Beispiel: Ein Datumsfeld wird so angelegt, dass es nur Datumswerte aufnehmen kann, und bei der Gelegenheit können Sie auch falsche Datumswerte ausschließen:

```
Feldname: Geburtsdatum

Inhalt: Datumswerte

Größe: 20

Einschränkung: Inhalt muss kleiner als das Tagesdatum sein
```

So könnte Ihr Tabellenentwurf für eine Mitarbeitertabelle aussehen.

Mitarbeiter		
Feldname	Felddatentyp	
Personalnummer	Text	← genau 10 Ziffern
Vorname	Text	← max. 20 Zeichen
Nachname	Text	← max. 20 Zeichen
Abteilung	Text	← Eingabeformat: XX/YYY
Geburtstag	Datum/Uhrzeit	← kleiner als Tagesdatum

Formulare

Datenbankdaten werden zwar in Tabellen gespeichert und können zu diesem Zweck direkt in die Tabelle geschrieben werden. Besser und komfortabler für die Datenerfassung ist aber ein Formular, das mit der Tabelle verknüpft ist. Im Formularentwurf bestimmen Sie, aus welcher Tabelle die Daten stammen. Die Felder aus dieser Tabelle ordnen Sie dann nach Ihren Wünschen auf dem Formular an. Benutzen Sie das Formular anschließend, werden die in die Formularfelder eingetragenen Daten automatisch in die Tabelle geschrieben. So würde beispielsweise das Formular **Mitarbeiterverwaltung** für die zuvor erstellte Tabelle aussehen:

Abfragen

Abfragen werden benötigt, um Teile einer Tabelle abzubilden, Tabellen zu sortieren und zu filtern. Brauchen Sie zum Beispiel eine Liste, die nur die Namen der Mitarbeiter und deren Geburtsdatum enthält, legen Sie eine Abfrage an, die nur die Felder »Vorname«, »Nachname« und »Geburtstag« enthält. Eine weitere Abfrage könnte die Liste nach einer bestimmten Abteilung filtern, dazu brauchen Sie natürlich das Feld »Abteilung« in der Abfrage und Abfragekriterien. Hier wird mit logischen Zeichen und mit UND- und ODER-Verknüpfungen gearbeitet. Wollen Sie beispielsweise aus einer Kundentabelle nur Kunden aus einer bestimmten Region haben, legen Sie eine Abfrage an und definieren für das Feld »PLZ« ein Kriterium:

```
Abfragename: Kunden aus Region 8

Felder: Kundennummer, Name, PLZ, Wohnort

Kriterium für Feld Region: >=8000 UND <9000
```

Verwenden Sie die Abfrage als Basis für ein Formular, zeigt dieses nur die entsprechend gefilterten Daten an. Mit dem passenden Abfragetyp können Sie aber auch Daten löschen, Daten aktualisieren, in andere Tabellen wegschreiben oder an Tabellen anfügen.

Berichte

Berichte werden wie Formulare mit Tabellen oder Abfragen verbunden. Im Berichtsentwurf ordnen Sie die Felder aus der Tabelle/Abfrage so an, wie Sie diese gedruckt sehen wollen, zum Beispiel als Karteikarten oder tabellarisch, das heißt in Form einer Liste. Der Bericht zeigt alle Datensätze aus der Datenquelle in einer Vorschau an. Und genau so, wie er auf dem

Bildschirm aussieht, wird er auch gedruckt. Ein Bericht **Geburtstagsliste** würde beispielsweise nur die Felder **Vorname, Nachname** und **Geburtstag** aus der Tabelle **Mitarbeiter** abbilden:

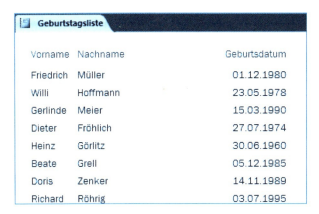

Normalisierung und relationale Beziehungen

Mit diesen Begriffen sollten Sie sich vertraut machen, bevor Sie Ihr erstes Datenbankprojekt starten. Die Normalisierung ist das Wichtigste, was ein Datenbankdesigner kennen muss. Entwickelt wurde sie 1970 von Dr. Edgar F. Codd. Sie bietet mehrere Vorteile:

Normalisierung ermöglicht den Aufbau eines transparenten, überschaubaren Datenmodells. In normalisierten Datenbanken gibt es keine Redundanz, das heißt, Daten werden nicht unnötig mehrfach gespeichert. Normalisierung ermöglicht Datenkonsistenz: Werden Daten abgeändert oder gelöscht, wirkt sich die Aktion auf alle verknüpften Daten aus.

Im Rahmen der Normalisierung entstehen relationale Beziehungen, Access-Datenbanken werden deshalb als relational bezeichnet.

Ein Beispiel für eine Normalisierung der 1. Form (es gibt 3 Formen): Ihr Unternehmen verkauft Sportartikel. Sie erhalten Bestellungen von mehreren Kunden:

KundenNr	Kunde	Bestelldatum	ArtikelNr	Artikel	Anzahl	Einzelpreis
100	Mustermann	01.10.2011	10	Tennisschläger	3	99,90 €
			20	Basketball	5	29,90 €
101	Fröhlich	01.10.2011	10	Tennisschläger	12	99,90 €
			30	Fußballtrikot	11	59,90 €
			50	Laufschuhe	4	99,95 €

Kapitel 1

Da jeder Artikel von mehreren Kunden bestellt werden kann, würde diese Liste unweigerlich zu doppelten Daten führen. Außerdem – ändert sich eine Artikelnummer oder ein Preis, müssten Sie die Änderung in allen Bestellungen nachbessern. So normalisieren Sie Ihre Datenbank:

Legen Sie je eine Tabelle für die Kunden und für die Artikel an.

KundenNr	Kunde
100	Mustermann
101	Fröhlich

ArtikelNr	Artikel	Einzelpreis
10	Tennisschläger	99,90 €
20	Basketball	29,90 €
30	Fußballtrikot	59,90 €
50	Laufschuhe	99,95 €

Legen Sie eine weitere Tabelle für die Bestellungen an. In diese Tabelle tragen Sie nur die Kundennummer, die Artikelnummer und die übrigen Bestelldaten ein.

BestellNr	KundenNr	ArtikelNr	Bestelldatum	Anzahl
1	100	10	01.10.2011	3
1	100	20	01.10.2011	5
2	101	10	01.10.2011	12
2	101	30	01.10.2011	11
2	101	50	01.10.2011	4

Jetzt müssen Sie nur noch die drei Tabellen relational verknüpfen, und schon sind Ihre Daten normalisiert.

Die Vorteile der Normalisierung und der relationalen Beziehung liegen auf der Hand:

- Sie können keine falschen Kundennummern verwenden und den gleichen Kunden nicht fehlerhaft mehrfach speichern.

- Sie müssen Daten nicht mehrfach erfassen, die Gefahr, dass doppelt und mehrfach vorhandene Daten nicht richtig aktualisiert werden, besteht nicht.

- Die Sicherheit der Daten (Integrität) ist gewährleistet. Es gibt keine Bestellungen ohne Kundennummern und keine Artikel ohne Preise. Access wird verhindern, dass Kunden oder Artikel versehentlich gelöscht werden, wenn für diese noch offene Bestellungen vorliegen.

Beziehungsformen: 1:n und m:n

Mit 1:n bezeichnet man Verknüpfungen zwischen eindeutigen Datensätzen (Beispiel: Kundenadressen, eindeutig über die Kundennummer identifizierbar) und mehrfachen Sätzen (Beispiel: Bestellungen, mehrfach pro Kunde möglich). Ein Kunde kann mehrere Bestellungen ausführen, eine Bestellung kann immer nur einen eindeutigen, einmal vorkommenden Kundenschlüssel enthalten. Das ist der häufigste Beziehungstyp in Datenbanken.

Für den Fall, dass einem Datensatz mehrfach mehrere Datensätze zugeordnet werden müssen, brauchen Sie eine Beziehung vom Typ m:n. Das geht nur über eine Zwischentabelle. In unserem Beispiel wird eine solche für die bestellten Artikel benötigt:

- Eine Bestellung kann mehrere Artikel enthalten.
- Ein Artikel kann mehrfach in allen Bestellungen vorkommen.

Die Zwischentabelle enthält 1:n-Beziehungen zu den beiden Tabellen, also zu Artikel und Bestellungen. Damit kann eine Bestellnummer mehrfach vorkommen, und jeder Bestellnummer können beliebig viele Artikel zugeordnet werden.

Regeln für den Datenbankentwurf

Sie werden schon festgestellt haben, dass der Entwurf einer Datenbank weitaus schwieriger ist als zum Beispiel das Anlegen von Tabellen im Kalkulationsprogramm Excel. Aber nur die konsequente Einhaltung dieser Entwurfsregeln garantiert Ihnen eine sichere und komfortable Datenbank.

Nehmen Sie sich Zeit für den Datenbankentwurf, skizzieren Sie diesen zunächst auf einem Blatt Papier und beginnen Sie dann mit der Ausarbeitung in Access:

- Überlegen Sie, was Ihre Datenbank für Sie leisten soll und welche Daten Sie (auch in Zukunft) verwalten wollen. Anfangs gemachte Entwurfsfehler sind später schwer zu beheben.

- Unterteilen Sie Ihre Daten in möglichst kleine Informationseinheiten. Achten Sie immer darauf, dass Daten nicht mehrfach (redundant) gespeichert werden dürfen.

- Entwerfen Sie funktionale Tabellen, legen Sie auch Felder an, die Sie später brauchen werden. Arbeiten Sie immer mit Schlüsselfeldern und definieren Sie saubere Datentypen (Datum, Zahl, Text, Ja/Nein-Feld und andere).

- Stellen Sie von Anfang an die relationalen Beziehungen zwischen den Tabellen her. Access unterstützt Sie dabei im Tabellenentwurf.

- Arbeiten Sie mit vielen Abfragen, verbinden Sie Formulare und Berichte nur mit Abfragen. Diese speichern selbst keine Daten, sind flexibler als die Basisdaten in Tabellen und können einfacher angepasst werden.

Laufwerke, Dateien und Ordner

Mit einem Programm arbeiten heißt, Daten zu produzieren und Daten zu speichern. Access macht hier keine Ausnahme, und wenn Sie mit dem Programm wenig Arbeit haben möchten, sollten Sie wissen, wo die Daten zu finden sind. Einige Elemente des Betriebssystems müssen Sie kennen.

> **Hinweis**
>
> Das Laufwerk ist der Datenträger, auf dem die Daten abgelegt werden, in der Praxis eine fest eingebaute oder externe Festplatte. Auch USB-Sticks mit Speicherkapazitäten ab 1 Gigabyte eignen sich zum Speichern der Datenbank. Falls Sie in einem Netzwerk arbeiten, kann das für die Daten vorgesehene Laufwerk auch in einem ganz anderen Computer installiert sein. Jedem Laufwerk ist ein Laufwerksbuchstabe von A bis Z zugewiesen, die Festplatte wird meist mit dem Buchstaben C gekennzeichnet. Klicken Sie im Startmenü von Windows auf den Eintrag *Computer*, um alle Laufwerke anzuzeigen.

Laufwerke, Dateien und Ordner

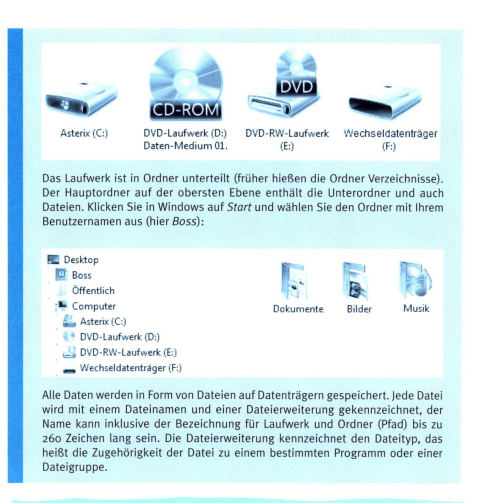

Das Laufwerk ist in Ordner unterteilt (früher hießen die Ordner Verzeichnisse). Der Hauptordner auf der obersten Ebene enthält die Unterordner und auch Dateien. Klicken Sie in Windows auf *Start* und wählen Sie den Ordner mit Ihrem Benutzernamen aus (hier *Boss*):

Alle Daten werden in Form von Dateien auf Datenträgern gespeichert. Jede Datei wird mit einem Dateinamen und einer Dateierweiterung gekennzeichnet, der Name kann inklusive der Bezeichnung für Laufwerk und Ordner (Pfad) bis zu 260 Zeichen lang sein. Die Dateierweiterung kennzeichnet den Dateityp, das heißt die Zugehörigkeit der Datei zu einem bestimmten Programm oder einer Dateigruppe.

Access-Datenbanken werden als Dateien mit der Endung *ACCDB* (Access Datenbank) gespeichert. Diese Datenbankdatei kann bis zu 2 Gigabyte (= 2048 Megabyte) an Daten aufnehmen. Falls das nicht reicht, könnten Sie aber noch externe Daten hinzuverknüpfen und damit eine praktisch unbegrenzt große Datenbank erzeugen.

Ein Ordner für Datenbanken

Überprüfen Sie den Inhalt Ihres Hauptlaufwerkes und passen Sie die Anzeige der Dateinamen an, damit die Endung sichtbar wird.

Kapitel 1

1 Klicken Sie auf *Start* und wählen Sie *Computer*.

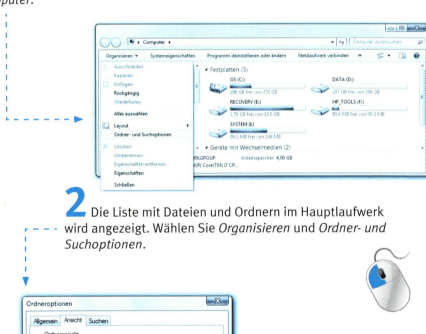

2 Die Liste mit Dateien und Ordnern im Hauptlaufwerk wird angezeigt. Wählen Sie *Organisieren* und *Ordner- und Suchoptionen*.

3 Schalten Sie auf die zweite Registerkarte *Ansicht* um.

Laufwerke, Dateien und Ordner

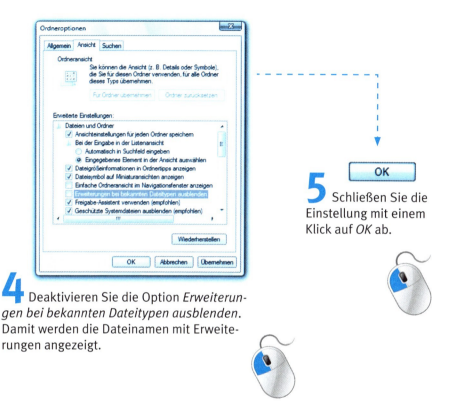

5 Schließen Sie die Einstellung mit einem Klick auf *OK* ab.

4 Deaktivieren Sie die Option *Erweiterungen bei bekannten Dateitypen ausblenden*. Damit werden die Dateinamen mit Erweiterungen angezeigt.

Legen Sie gleich einen neuen Ordner an, in den Sie die Datenbanken speichern, die Sie mit Ihrem Easy-Buch anlegen werden. Am besten setzen Sie den neuen Ordner in Ihren Benutzerordner.

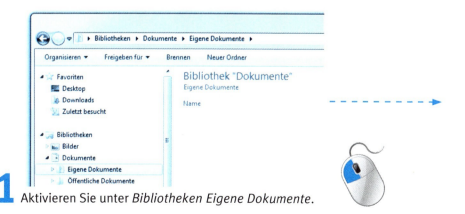

1 Aktivieren Sie unter *Bibliotheken Eigene Dokumente*.

Kapitel 1

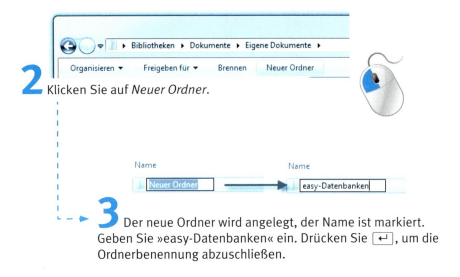

2 Klicken Sie auf *Neuer Ordner*.

3 Der neue Ordner wird angelegt, der Name ist markiert. Geben Sie »easy-Datenbanken« ein. Drücken Sie ⏎, um die Ordnerbenennung abzuschließen.

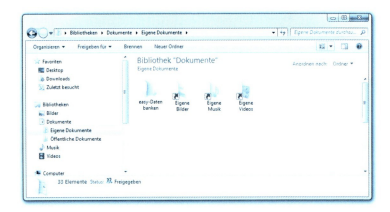

Damit ist Ihr neuer Datenbankordner unter *Bibliotheken/Dokumente/ Eigene Dokumente* erstellt und benannt.

Access 2010 – der Start

Nachdem Sie mit dem Prinzip der Datenbank vertraut sind und Ihre Windows-Arbeitsumgebung für Datenbanken präpariert haben, beginnen Sie in diesem Kapitel, mit Access zu arbeiten. Überprüfen Sie zunächst, ob Access 2010 vollständig installiert ist.

Access 2010 – der Start

Access richtig installieren

Wenn das Office-Paket von Microsoft auf Ihrem PC vorinstalliert war, kann es vorkommen, dass nicht alle Komponenten installiert sind, die Sie brauchen werden. Halten Sie die Original-CD oder -DVD bereit, die mitgeliefert wurde.

Schließen Sie alle aktiven Office-Anwendungen und starten Sie die Wartungsinstallation, um die Vollständigkeit zu überprüfen und bei Bedarf Teile von Access 2010 nachzuinstallieren.

1 Klicken Sie auf das Symbol des Startmenüs.

2 Aktivieren Sie die *Systemsteuerung*.

3 Klicken Sie auf *Programme*, um das Dienstprogramm für die Installation und Wartung von Programmen zu starten.

Kapitel 1

4 Wählen Sie *Programme und Funktionen*.

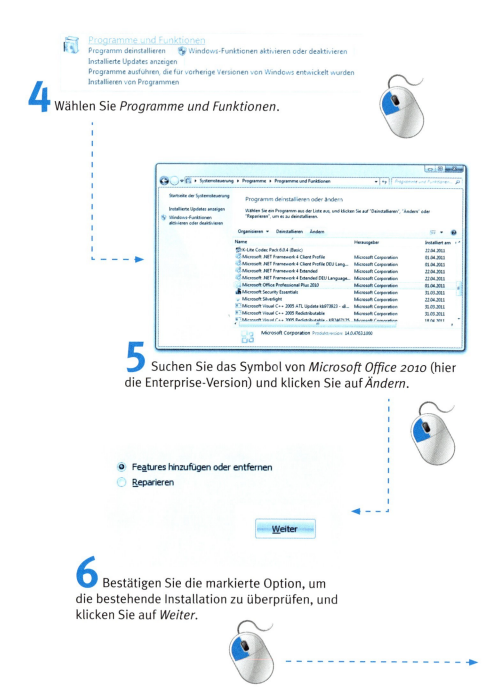

5 Suchen Sie das Symbol von *Microsoft Office 2010* (hier die Enterprise-Version) und klicken Sie auf *Ändern*.

6 Bestätigen Sie die markierte Option, um die bestehende Installation zu überprüfen, und klicken Sie auf *Weiter*.

Access 2010 – der Start

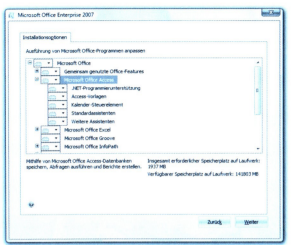

7 Markieren Sie den Eintrag *Microsoft Office Access*. Mit einem Klick auf das Pluszeichen öffnen Sie die Liste der installierten Komponenten.

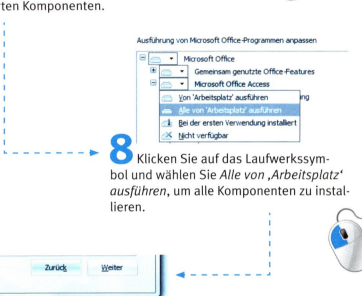

8 Klicken Sie auf das Laufwerkssymbol und wählen Sie *Alle von ‚Arbeitsplatz' ausführen*, um alle Komponenten zu installieren.

9 Mit einem Klick auf *Weiter* wird die Installation gestartet. Anschließend steht Ihnen Access 2010 vollständig zur Verfügung.

27

Kapitel 1

Beenden Sie den Wartungs-Assistenten anschließend und schließen Sie die Systemsteuerung wieder.

> **Hinweis**
>
> Starten Sie zur Sicherheit Ihr Betriebssystem Windows noch einmal, damit alle neu installierten Office-Teile aktiv werden können.

Access 2010 starten

Nachdem Sie die Installation von Access 2010 überprüft und ggf. repariert haben, können Sie Ihr Datenbankprogramm zum ersten Mal starten. Verwenden Sie dazu das Symbol in der *Microsoft Office*-Gruppe des Windows-Startmenüs.

1 Klicken Sie auf das Symbol des Startmenüs und wählen Sie *Alle Programme*.

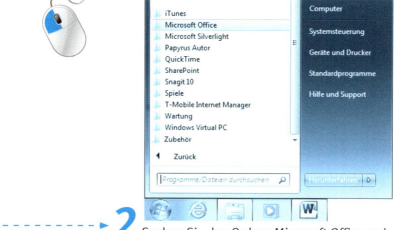

2 Suchen Sie den Ordner *Microsoft Office* und klicken Sie ihn an, um ihn zu öffnen.

Access 2010 – der Start

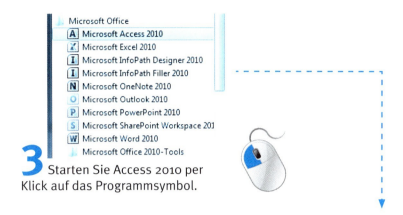

3 Starten Sie Access 2010 per Klick auf das Programmsymbol.

4 Access 2010 wird in einem neuen Fenster gestartet. Das *Datei*-Menü ist aktiv, der Menübefehl *Neu* ist markiert. Sie können eine neue Datenbank anlegen oder eine Vorlage benutzen.

5 Schließen Sie Access 2010 mit Klick auf *Beenden* gleich wieder, um eine weitere, schnellere Startversion einzurichten: ein Symbol in der Taskleiste.

Kapitel 1

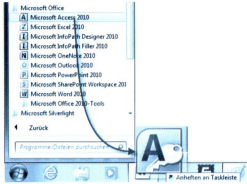

6 Suchen Sie dann wieder den Menüaufruf von Access unter *Start/Alle Programme/Microsoft Office* und ziehen Sie den Eintrag mit gedrückter Maustaste nach unten in die Taskleiste. Lassen Sie die Maustaste los, wenn der schwarze Einfügebalken angezeigt wird.

7 Fertig ist die Verknüpfung zu Access in der Taskleiste. Ein einfacher Klick darauf startet jetzt sofort das Datenbankprogramm Access 2010.

Eine neue Datenbank

Um eine neue Datenbank anzulegen, starten Sie Access gleich wieder. Benutzen Sie das Symbol *Leere Datenbank* und legen Sie eine erste Datenbank an.

1 Wählen Sie *Datei/Neu* und klicken Sie unter *Verfügbare Vorlagen* auf das Symbol *Leere Datenbank*.

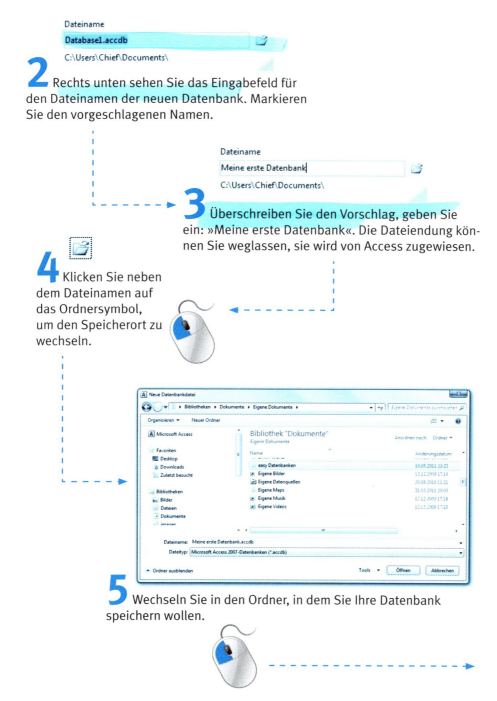

2 Rechts unten sehen Sie das Eingabefeld für den Dateinamen der neuen Datenbank. Markieren Sie den vorgeschlagenen Namen.

3 Überschreiben Sie den Vorschlag, geben Sie ein: »Meine erste Datenbank«. Die Dateiendung können Sie weglassen, sie wird von Access zugewiesen.

4 Klicken Sie neben dem Dateinamen auf das Ordnersymbol, um den Speicherort zu wechseln.

5 Wechseln Sie in den Ordner, in dem Sie Ihre Datenbank speichern wollen.

Kapitel 1

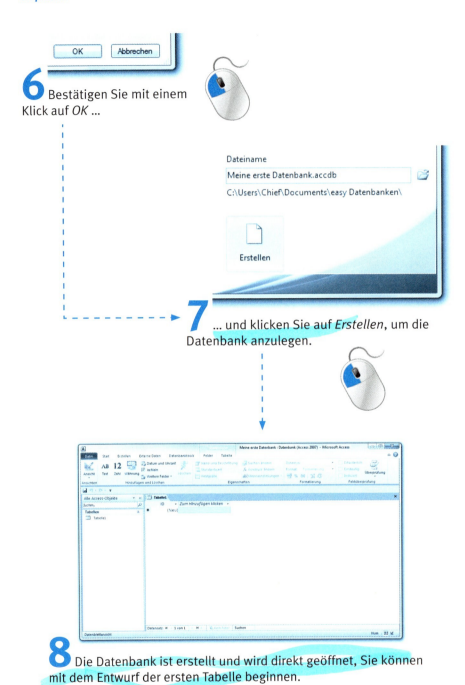

6 Bestätigen Sie mit einem Klick auf *OK* ...

7 ... und klicken Sie auf *Erstellen*, um die Datenbank anzulegen.

8 Die Datenbank ist erstellt und wird direkt geöffnet, Sie können mit dem Entwurf der ersten Tabelle beginnen.

Access 2010 – der Start

Die erste Tabelle

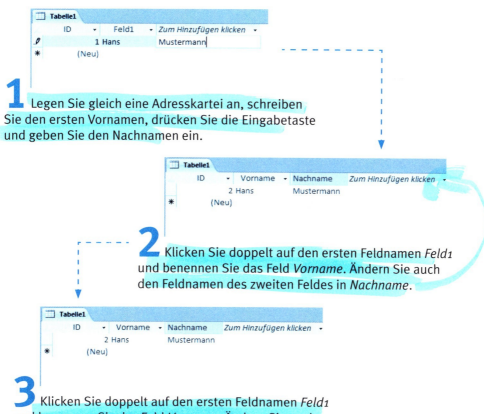

1 Legen Sie gleich eine Adresskartei an, schreiben Sie den ersten Vornamen, drücken Sie die Eingabetaste und geben Sie den Nachnamen ein.

2 Klicken Sie doppelt auf den ersten Feldnamen *Feld1* und benennen Sie das Feld *Vorname*. Ändern Sie auch den Feldnamen des zweiten Feldes in *Nachname*.

3 Klicken Sie doppelt auf den ersten Feldnamen *Feld1* und benennen Sie das Feld *Vorname*. Ändern Sie auch den Feldnamen des zweiten Feldes in *Nachname*.

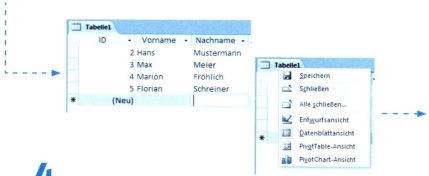

4 Schreiben Sie noch weitere Datensätze in die Tabelle und schließen Sie diese dann über das Kontextmenü im Register *Tabelle1*.

33

Kapitel 1

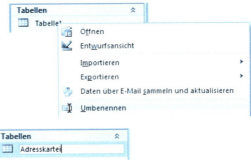

5 Klicken Sie mit der rechten Maustaste in den Tabellennamen und wählen Sie *Umbenennen*. Tragen Sie `Adresskartei` ein und drücken Sie die Eingabetaste.

Die erste Tabelle ist erstellt, Sie können sie per Doppelklick auf den Tabellennamen im Navigationsbereich wieder öffnen und weitere Datensätze erfassen. Wie Sie den Tabellenentwurf anpassen und Formulare für die Datenerfassung entwerfen, lernen Sie im nächsten Kapitel.

Datenbank schließen

1 Schließen Sie die Datenbank wieder über das *Datei*-Menü. Klicken Sie darin auf die Schaltfläche *Datenbank schließen*.

Jetzt sehen Sie wieder das *Datei*-Menü. Die zuletzt angelegte Datenbank wird in der Leiste links angeboten, Sie können sie mit einem einfachen Klick wieder aktivieren. Die Liste zeigt die vier zuletzt benutzten Dateien, wenn Sie später mehrere Datenbanken angelegt haben, klicken Sie auf *Zuletzt verwendet*. Hier finden Sie eine größere Dateiliste.

Da nur jeweils eine Datenbank offen sein kann, wird eine bereits aktive Datenbank automatisch geschlossen (meist ohne Rückfrage, außer Sie haben Formulare oder Ähnliches im Entwurf offen und nicht gespeichert).

Menüband und Symbolleiste für den Schnellzugriff

Mit Office 2007 hat Microsoft eine neue Benutzeroberfläche eingeführt, in Office 2010 wurde diese leicht verändert. Anstelle von Menüs und Symbolleisten, die in früheren Versionen zur Verfügung standen, gibt es jetzt ein Menüband, das in Register und Gruppen unterteilt ist. Jede Gruppe enthält eine Reihe von Symbolen für die verschiedenen Aufgaben. Sehen wir uns die Elemente der Oberfläche einmal genauer an. Aktivieren Sie dazu Ihre zuvor erstellte Datenbank.

Das Menüband

Das Menüband enthält standardmäßig die Register *Datei, Start, Erstellen, Externe Daten* und *Datenbanktools*. Klicken Sie auf einen der angebotenen Registerreiter, schaltet das Band auf die Registerkarte um und präsentiert neue Gruppen und Symbole. Zusätzliche Register, Gruppen und Symbole erhalten Sie, wenn Sie ein Objekt bearbeiten. Sie bekommen beispielsweise Formulargestaltungswerkzeuge angeboten, wenn Sie ein Formular im Entwurf bearbeiten.

- Das erste Register ist die Backstage-Ansicht bzw. das *Datei*-Menü. Hier verwalten Sie Ihre Datenbanken, öffnen, speichern, drucken oder versenden Dateien und stellen allgemeine Optionen ein.

- Im Register *Start* finden Sie Symbolgruppen und Symbole für die Bearbeitung der Datenbankobjekte und -inhalte, zum Beispiel Ansichten, Filter und Sortierungen.

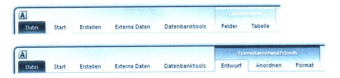

- Die Registerleiste bietet zusätzliche Register an, je nachdem, welches Objekt Sie gerade bearbeiten. Für Tabellen erhalten Sie Tabellentools, für Formulare Formularentwurfstools.

Menüband und Symbolleiste für den Schnellzugriff

- Das Register *Externe Daten* enthält Symbole für den Import und Export von Daten und für Verknüpfungen zu anderen Programmen.

- In den *Datenbanktools* finden Sie Werkzeuge für die Verwaltung und Verbesserung der Datenbank und die Entwicklertools für die Makroprogrammierung.

Die Symbolleiste für den Schnellzugriff

Wenn Sie mit eigenen Symbolen arbeiten möchten, um auf häufig benötigte Befehle direkt zugreifen zu können, steht Ihnen die sogenannte Symbolleiste für den Schnellzugriff zur Verfügung. Sie befindet sich standardmäßig über dem Menüband, kann aber auch unter das Menüband gesetzt werden.

Kapitel 1

Klicken Sie mit der rechten Maustaste in diese Symbolleiste und wählen Sie *Symbolleiste für den Schnellzugriff unter dem Menüband anzeigen*.

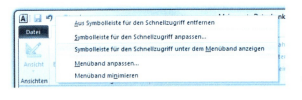

Mit dem Diskettensymbol speichern Sie das aktive Objekt, zum Beispiel ein Formular oder einen Tabellenentwurf. Das erste Pfeilsymbol macht den letzten Befehl rückgängig, das zweite holt einen rückgängig gemachten Befehl wieder zurück. Öffnen Sie das Menü der Symbolleiste, können Sie weitere Symbole in die Leiste holen, zum Beispiel *Neu*, *Öffnen* oder *Schnelldruck*.

Die Access-Optionen

Alle Voreinstellungen des Datenbankprogramms finden Sie in den *Access-Optionen*. Sehen Sie sich diese Optionen an und stellen Sie gleich den Datenbankpfad auf Ihren neuen, für die Easy-Datenbanken vorbereiteten Ordner ein. Die meisten Optionen gelten für Access allgemein, nur die Optionen aus der Kategorie *Aktuelle Datenbank* beziehen sich auf die aktive Datenbankdatei.

Die Access-Optionen

1 Klicken Sie im *Datei*-Menü auf *Optionen*.

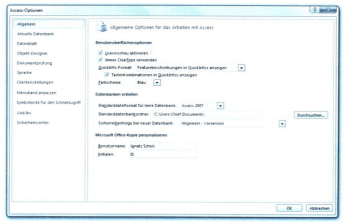

2 Das *Optionen*-Fenster wird aktiviert, in der linken Randleiste sehen Sie alle Kategorien. Ein Klick auf eine Kategorie öffnet die zugeordneten Optionen. Die erste Kategorie *Allgemein* wird angezeigt.

3 Schalten Sie die Option *Standarddateiformat* auf *Access 2007* oder, falls Sie Datenbanken für Vorgängerversionen brauchen, auf *Access 2000* oder *Access 2002 – 2003*.

Kapitel 1

> **Hinweis**
> Access 2010 stellt kein eigenes Dateiformat zur Verfügung, es verwendet das Datenbankformat der Vorgängerversion 2007.

4 Unter *Standarddatenbankordner* können Sie den Ordner einstellen, der automatisch aktiviert wird, wenn Sie den Dateidialog öffnen oder eine Datenbank speichern. Klicken Sie auf *Durchsuchen*.

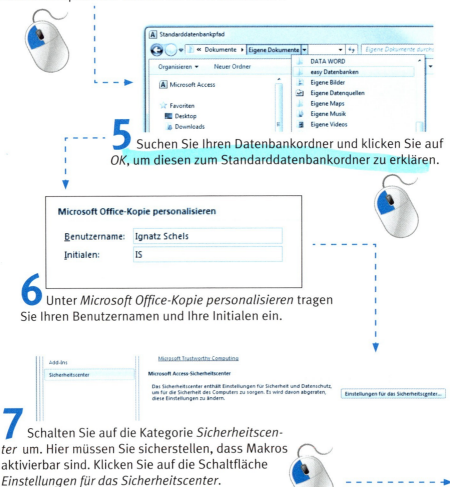

5 Suchen Sie Ihren Datenbankordner und klicken Sie auf *OK*, um diesen zum Standarddatenbankordner zu erklären.

6 Unter *Microsoft Office-Kopie personalisieren* tragen Sie Ihren Benutzernamen und Ihre Initialen ein.

7 Schalten Sie auf die Kategorie *Sicherheitscenter* um. Hier müssen Sie sicherstellen, dass Makros aktivierbar sind. Klicken Sie auf die Schaltfläche *Einstellungen für das Sicherheitscenter*.

Die Access-Optionen

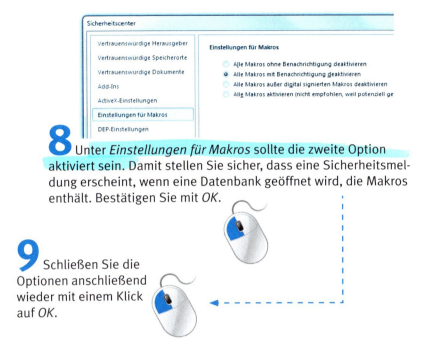

8 Unter *Einstellungen für Makros* sollte die zweite Option aktiviert sein. Damit stellen Sie sicher, dass eine Sicherheitsmeldung erscheint, wenn eine Datenbank geöffnet wird, die Makros enthält. Bestätigen Sie mit *OK*.

9 Schließen Sie die Optionen anschließend wieder mit einem Klick auf *OK*.

Die Access-Hilfe

Access 2010 lässt Sie nicht allein, wenn Sie Informationen zum Programm, zum Datenbankentwurf oder zu einzelnen Programmteilen brauchen. Aktivieren Sie die Hilfe. Diese liefert detaillierte Beschreibungen, gibt Tipps und Ratschläge und führt Sie bei Bedarf zur Internetseite von Microsoft, über die Sie die neuesten Informationen, Vorlagen und vieles mehr abrufen können.

1 Klicken Sie auf das Fragezeichensymbol rechts oben im Access-Fenster, um die Hilfe zu starten.

41

Kapitel 1

2 Das Hilfefenster wird aktiviert, Sie können die angebotenen Links durchsuchen. Klicken Sie auf das Symbol *Start* ...

3 ... und suchen Sie das passende Hilfethema, das Sie weiter anklicken können. Mit den Schaltflächen am oberen Rand schalten Sie zurück, nach vorne oder auf die erste Seite des Hilfefensters (Start).

Die Access-Optionen

4 Klicken Sie auf das Inhaltsverzeichnis-Symbol. Hier finden Sie viele Hilfethemen nach Gruppen geordnet. Ein Klick öffnet oder schließt eine Gruppe, klicken Sie auf ein Fragezeichen, erscheint der Hilfetext.

5 Das Suchfenster ermöglicht gezielte Recherchen nach Stichwörtern. Geben Sie den Begriff oder einen Teil davon ein und klicken Sie auf *Suchen*. Ein Klick auf das Pfeilsymbol öffnet ein Suchmenü. Hier können Sie bestimmen, was die Hilfe alles durchsuchen soll.

43

Kapitel 1

6 Am unteren Rand sehen Sie, ob die Online-Hilfe aktiv ist. Klicken Sie auf den Link *Weitere Hilfe ...*, können Sie auch die Internetseite von Microsoft nach Hilfethemen durchsuchen.

Die Beispieldatenbank Northwind Traders

Wie baut man eine professionelle Datenbank auf? Diese Frage lässt sich am besten am Beispiel einer guten Datenbank erklären, und eine solche wird mit Access 2010 mitgeliefert. *Northwind Traders* ist eine Beispiellösung, in der die wichtigsten Techniken des Datenbankdesigns mit den Mitteln des DBMS-Systems Access umgesetzt wurden.

Die (fiktive) Firma »Northwind Traders« importiert und exportiert Delikatessen aus der ganzen Welt. In der Datenbank werden unter anderem folgende Daten verwaltet:

- die Artikeldaten der Firma

- eine Kartei mit allen Lieferanten inklusive Anschriftdaten, Telefon und Internetadresse

- Namen und Adressen des Verkaufspersonals mit Angaben über die Ausbildung und Foto

- eine Liste aller Versandfirmen, die mit dem Import und Export beauftragt werden können

- die Bestellungen, die für die Artikel eingegangen sind, mit Bestelldatum, Lieferart und Frachtkosten

Northwind ist außerdem mit einem Startdialog ausgestattet, der dem Benutzer die Auswahl der wichtigsten Formulare und Berichte ermöglicht. Werfen Sie einen Blick auf diese Beispieldatenbank, Sie finden sie in den Beispielvorlagen.

Die Beispieldatenbank Northwind Traders

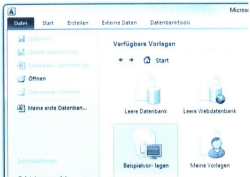

1 Schließen Sie die aktive Datenbank und klicken Sie unter *Verfügbare Vorlagen* auf *Beispielvorlagen*.

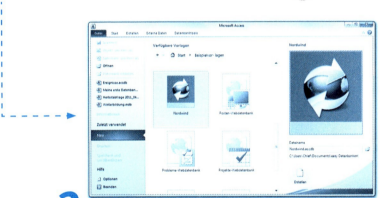

2 Markieren Sie die Vorlage *Nordwind* und klicken Sie auf *Erstellen*, um die Datenbank neu anzulegen.

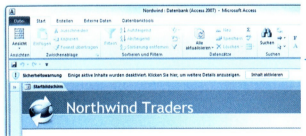

3 Die Vorlage wird vorbereitet, dann erscheint eine Sicherheitswarnung, weil die Vorlage Makros enthält. Klicken Sie auf *Inhalt aktivieren*.

Kapitel 1

4 Bestätigen Sie den Anmeldedialog, indem Sie auf *Anmeldung* klicken, um sich mit dem Namen des ersten angezeigten Mitarbeiters anzumelden.

Damit ist die Beispieldatenbank aktiviert, Sie können mit den Tabellen, Formularen und Berichten in diesem Modell arbeiten.

Die Beispieldatenbank Northwind Traders

Nordwind kennenlernen

Lernen Sie an dieser Beispieldatenbank die Bestandteile einer Datenbank und die Verknüpfungen zwischen den einzelnen Objekten kennen.

1 Öffnen Sie den Navigationsbereich auf der linken Seite per Klick auf das Doppelpfeilsymbol Er zeigt eine Gruppe namens *Northwind Traders*, und diese enthält Untergruppen für die einzelnen Objekte der Datenbank. Klicken Sie auf das Pfeilsymbol der Hauptgruppe ...

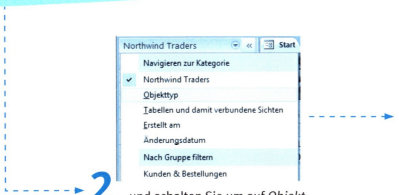

2 ... und schalten Sie um auf *Objekttyp*, um die Datenobjekte angezeigt zu bekommen.

Kapitel 1

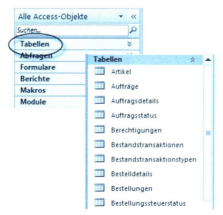

3 Jetzt sehen Sie die Aufteilung der Objekte in Tabellen, Abfragen, Formulare, Berichte, Makros und Module. Öffnen Sie die Tabellenliste und sehen Sie sich die Tabellen dieser Datenbank an.

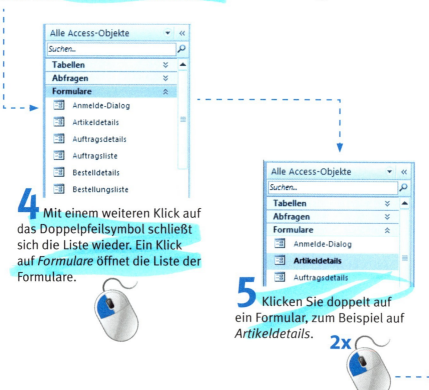

4 Mit einem weiteren Klick auf das Doppelpfeilsymbol schließt sich die Liste wieder. Ein Klick auf *Formulare* öffnet die Liste der Formulare.

5 Klicken Sie doppelt auf ein Formular, zum Beispiel auf *Artikeldetails*.

Die Beispieldatenbank Northwind Traders

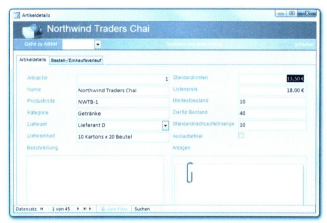

6 Das Formular wird in einem neuen Fenster geöffnet. Mit dem Datensatznavigator links unten blättern Sie durch die einzelnen Datensätze. Klicken Sie rechts oben auf *Schließen*, um das Fenster wieder zu verlassen.

Die Beziehungen in der Nordwind-Datenbank

Wie im richtigen Leben funktioniert auch in einer großen Datenbank nichts ohne gute Beziehungen. Wie Sie bereits oben in den Grundlagen erfahren haben, müssen die einzelnen Tabellen der Datenbank relational verbunden werden, wenn sie miteinander zu tun haben. Die Artikeltabelle steht zum Beispiel in Verbindung mit der Lieferantentabelle, denn in der ersten ist nur die Nummer des Lieferanten gespeichert, während die zweite alle weiteren Daten der Zulieferer enthält.

Im *Beziehungen*-Fenster können Sie nachprüfen, welche Beziehungen zwischen den einzelnen Tabellen bestehen, und bei Bedarf selbst Tabellen miteinander verknüpfen:

1 Schalten Sie im Menüband auf die Registerkarte *Datenbanktools*.

49

Kapitel 1

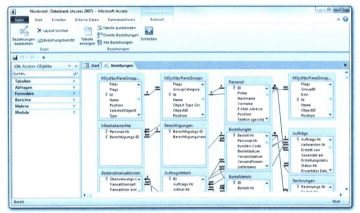

2 Ein Klick auf das Symbol *Beziehungen* in der Gruppe *Beziehungen* öffnet zusätzlich zum Startformular eine weitere Registerkarte, die alle relationalen Beziehungen in der Datenbank anzeigt.

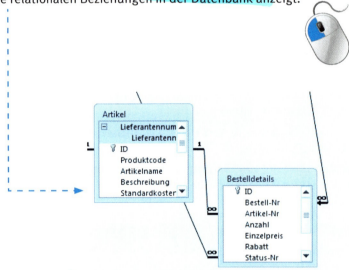

3 Ziehen Sie die Tabellenfenster mit gedrückter Maustaste an der Titelleiste, um sie neu anzuordnen. Um eine Beziehung zu überprüfen, klicken Sie doppelt auf die Beziehungslinie.

Die Beispieldatenbank Northwind Traders

4 Die Beziehung, hier eine 1:n-Beziehung zwischen Artikeln und Bestelldetails, wird angezeigt. Mit einem Klick auf *OK* schließen Sie das Fenster wieder.

5 Schließen Sie die Beziehungen per Klick auf das Symbol *Schließen* in der Registerkarte *Beziehungstools*.

6 Diese Meldung erhalten Sie, wenn Sie die Tabellenlisten verschoben oder Beziehungen neu angezeigt hatten. Sie müssen diese Layoutänderung nicht speichern, klicken Sie auf *Nein*.

Die Tabellen *Artikel* und *Lieferanten* sind über eine 1:n-Beziehung verbunden. Es gibt einen Lieferanten, der mehrere Artikel liefern kann, aber jeder Artikel kann nur von einem Lieferanten stammen. Das Gleiche gilt für die Verbindung Kategorien-Artikel (1:n).

Für die Bestellungen genügt die 1:n-Verbindung nicht, da ein Kunde ja mehr als einen Artikel bestellen kann. Hier wird eine Zwischentabelle *Bestelldetails* eingezogen, die je eine 1:n-Verbindung zu den Artikeln und zu den Bestellungen erhält. Damit ist die n:m-Beziehung realisiert.

Datenbank Nordwind schließen

Schließen Sie die Datenbank Nordwind wieder, klicken Sie dazu unter *Datei* auf *Datenbank schließen*.

Kleine Erfolgskontrolle

Sie haben in diesem Kapitel einige wichtige Grundlagen zum Thema Datenbanken und Datenbankdateien kennengelernt, Access zum ersten Mal gestartet und einen Einblick in eine professionell gestaltete Access-Datenbank erhalten. Kennen Sie noch alle Fachbegriffe? Diese kleine Einsetzübung wird Ihnen helfen, die wichtigsten Begriffe aus der Datenbankwelt zu wiederholen.

In der _____ (1) kann die Access-Installation auf Vollständigkeit geprüft und nachinstalliert werden.

Die Abkürzung DBMS steht für _____ (2). Sie bezeichnet die Software, mit der eine Datenbank verwaltet wird.

Access 2010 starten Sie über das _____ (3), für einen schnellen Start ziehen Sie das Symbol in die _____ (4).

Eine Access-Datenbank besteht aus _____ (5), Abfragen, _____ (6), Berichten und Makros.

Den Kern einer Datenbank bilden Tabellen, die miteinander verknüpft sind. Eine Datenbank mit Verknüpfungen nennt man _____ (7).

In der Tabelle wird jede Spalte als _____ (8) bezeichnet, die Spaltenüberschrift ist gleichzeitig der Feldname.

Mit der _____ (9) teilen Sie die Daten in mehrere Tabellen auf und vermeiden Datenredundanz.

Eine Access 2010-Datenbank wird in einer Datei mit der Erweiterung _____ (10) gespeichert; die Datei kann bis zu _____ (11) groß sein.

In der Beispieldatenbank *Northwind Traders* sind Tabellen verknüpft; die Verknüpfungen können über _____ (12) eingesehen werden.

Die Antworten zu dieser Erfolgskontrolle finden Sie im Anhang.

Das können Sie schon

Das Datenbankprinzip	14
Laufwerke, Dateien und Ordner	20
Access einrichten und starten	24
Eine Datenbank neu anlegen	30
Die Oberfläche mit Menüband und Symbolleiste für den Schnellzugriff	35
Die Beispieldatenbank Nordwind	44

Das lernen Sie neu

Lokale Vorlagen und Onlinevorlagen nutzen	56
Eine Aufgabendatenbank erstellen	57
Ein Formular in der Entwurfsansicht öffnen	61
Arbeiten mit dem Navigationsbereich	62
Datenbankobjekte in Registern oder Fenstern anzeigen	66

Kapitel 2

Mit Datenbankvorlagen arbeiten

Ihr Datenbankprogramm unterstützt Sie tatkräftig bei Ihren ersten Schritten auf dem Weg zum Datenbankdesigner. Nutzen Sie die von Access 2010 angebotenen Vorlagen und erstellen Sie mit diesen vollständige Datenbanken mit Tabellen, Abfragen, Formularen und Berichten. Sehen Sie sich die Objekte an und holen Sie sich wertvolle Anregungen für Ihre eigenen Datenbankprojekte.

Kapitel 2

Die Beispielvorlagen

Eine Beispielvorlage, die Datenbank Northwind Traders, hatten Sie schon im ersten Kapitel kennengelernt. Sehen Sie sich das Angebot an, vielleicht ist ja schon die passende Vorlage für Ihre Aufgabenstellung dabei. Vorlagen können Sie jederzeit abändern, erweitern und umgestalten.

1 Starten Sie Access 2010 wieder und klicken Sie im *Datei*-Menü auf *Beispielvorlagen*.

2 Die Vorlagen werden angezeigt, Sie können eine Vorlage markieren und daraus eine neue Datenbank erstellen.

Eine Aufgabendatenbank

3 Klicken Sie auf *Start*, um zur ersten Ansicht zurückzukehren.

Online Vorlagen erst downloaden...

4 Sehen Sie sich auch das Angebot an Onlinevorlagen an, zum Beispiel die Kontakte-Verwaltung oder eine Projektdatenbank.

5 Onlinevorlagen müssen Sie erst downloaden, bevor Sie daraus eine neue Datenbank erstellen können. Klicken Sie auf das Symbol *Download*.

Eine Aufgabendatenbank

Erstellen Sie eine Datenbank, in der Sie die Aufgaben verwalten, die Sie allein oder im Team zu bewältigen haben. Die gleichnamige lokale Vorlage liefert die Tabellenstruktur, Formulare und Berichte dafür.

Kapitel 2

1 Schalten Sie um auf die Beispielvorlagen und klicken Sie auf das Symbol *Aufgaben*.

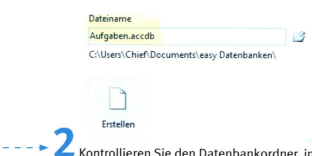

2 Kontrollieren Sie den Datenbankordner, in dem die neue Datenbank angelegt wird, und klicken Sie auf *Erstellen*.

3 Während der Vorlagen-Assistent die Datenbank anlegt, werden Sie mit einem Fortschrittsbalken über den Status des Vorgangs informiert.

Eine Aufgabendatenbank

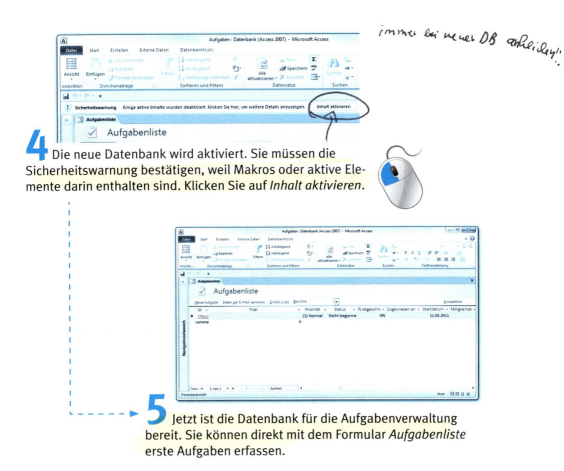

immer bei neuer DB anleiten!

4 Die neue Datenbank wird aktiviert. Sie müssen die Sicherheitswarnung bestätigen, weil Makros oder aktive Elemente darin enthalten sind. Klicken Sie auf *Inhalt aktivieren*.

5 Jetzt ist die Datenbank für die Aufgabenverwaltung bereit. Sie können direkt mit dem Formular *Aufgabenliste* erste Aufgaben erfassen.

Neue Aufgaben erfassen

anleiten

1 Klicken Sie auf *Neue Aufgabe*. Damit aktivieren Sie ein weiteres Formular, das Unterformular *Aufgabendetails*.

Kapitel 2

2 Hier erfassen Sie Ihre Aufgaben. Geben Sie den Titel ein ...

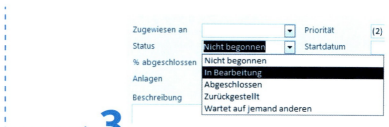

3 ... und tragen Sie die weiteren Informationen in die Felder darunter ein. Wird eine Liste angeboten, klicken Sie auf den Pfeil und markieren einen Eintrag.

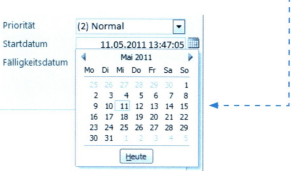

4 Um Datumsfelder zu füllen, klicken Sie auf das Kalendersymbol und wählen im daraufhin geöffneten Kalenderblatt ein Datum aus.

Eine Aufgabendatenbank

Formularentwurf ändern

Im Formular *Aufgabendetails* hat sich ein Fehler eingeschlichen. Statt *Speichern und neuer Kontakt* sollte es heißen *Speichern und neue Aufgabe*. Ändern Sie das gleich im Formularentwurf.

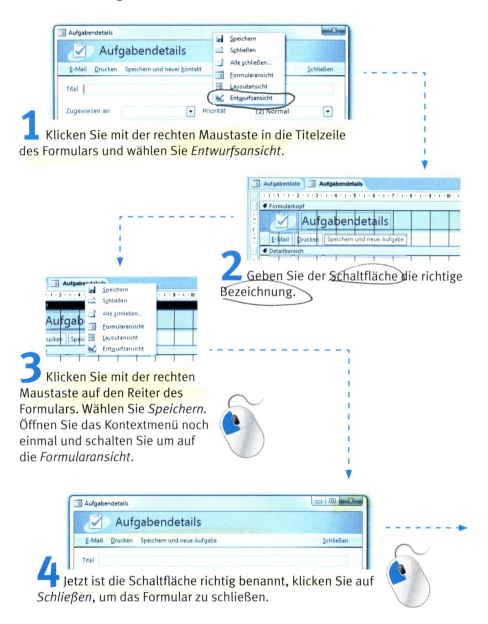

1 Klicken Sie mit der rechten Maustaste in die Titelzeile des Formulars und wählen Sie *Entwurfsansicht*.

2 Geben Sie der Schaltfläche die richtige Bezeichnung.

3 Klicken Sie mit der rechten Maustaste auf den Reiter des Formulars. Wählen Sie *Speichern*. Öffnen Sie das Kontextmenü noch einmal und schalten Sie um auf die *Formularansicht*.

4 Jetzt ist die Schaltfläche richtig benannt, klicken Sie auf *Schließen*, um das Formular zu schließen.

Kapitel 2

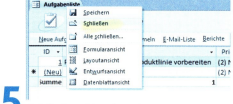

5 Schließen Sie über das Kontextmenü auch das Formular *Aufgabenliste*.

Der Navigationsbereich

Die Schaltzentrale der Datenbank ist der Navigationsbereich. Hier stehen alle Objekte zur Auswahl, hier können Sie Tabellen, Abfragen, Formulare und Berichte aktivieren oder neu erstellen. Ordnen Sie die Datenbankobjekte in Gruppen ein, um dem Benutzer die Navigation zu erleichtern.

> **Hinweis**
>
> In den früheren Versionen gab es das Datenbankfenster, in dem alle Objekte der Datenbank hinterlegt waren. Das Datenbankfenster wird in Access 2010 vom Navigationsbereich abgelöst.

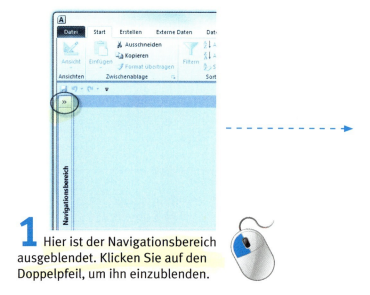

1 Hier ist der Navigationsbereich ausgeblendet. Klicken Sie auf den Doppelpfeil, um ihn einzublenden.

Der Navigationsbereich

2 Die Objekte in der Datenbank werden angezeigt, ein weiterer Klick auf den Doppelpfeil blendet den Navigationsbereich wieder aus.

3 Sehen Sie in den Access-Optionen nach, wenn der Navigationsbereich nicht angezeigt wird oder nicht korrekt konfiguriert ist. Öffnen Sie die *Optionen* über das *Datei*-Menü.

4 Klicken Sie in der linken Leiste auf *Aktuelle Datenbank* ...

5 ... und aktivieren Sie das Kontrollkästchen *Navigationsbereich anzeigen*.

Kapitel 2

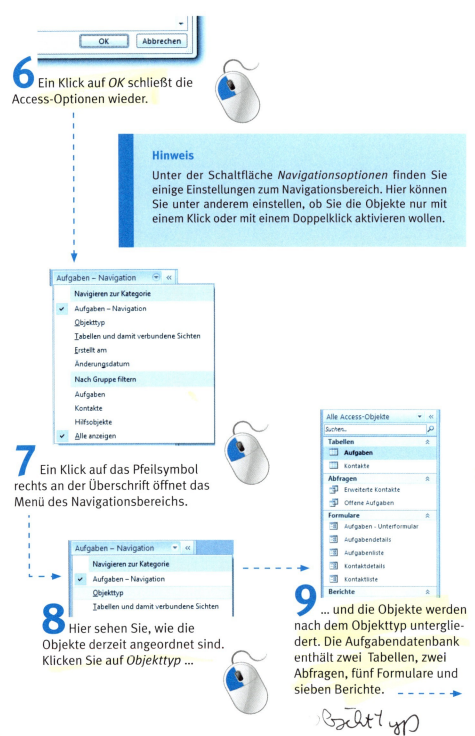

6 Ein Klick auf *OK* schließt die Access-Optionen wieder.

> **Hinweis**
>
> Unter der Schaltfläche *Navigationsoptionen* finden Sie einige Einstellungen zum Navigationsbereich. Hier können Sie unter anderem einstellen, ob Sie die Objekte nur mit einem Klick oder mit einem Doppelklick aktivieren wollen.

7 Ein Klick auf das Pfeilsymbol rechts an der Überschrift öffnet das Menü des Navigationsbereichs.

8 Hier sehen Sie, wie die Objekte derzeit angeordnet sind. Klicken Sie auf *Objekttyp* …

9 … und die Objekte werden nach dem Objekttyp untergliedert. Die Aufgabendatenbank enthält zwei Tabellen, zwei Abfragen, fünf Formulare und sieben Berichte.

Der Navigationsbereich

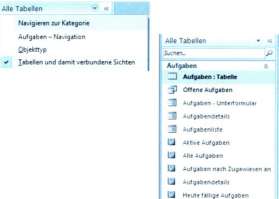

10 Sie können die Ansicht auch nach Erstellungs- und Änderungsdatum sortieren. Mit der Ansicht *Tabellen und damit verbundene Sichten* ordnen Sie die Formulare unter die Tabellen, aus denen diese die Daten beziehen.

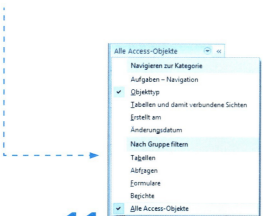

11 Am unteren Rand der Liste finden Sie Filter für einzelne Objektgruppen. Klicken Sie einen Eintrag an, zeigt der Navigationsbereich nur diese Datenbankelemente an. Mit *Alle Access-Objekte* werden wieder alle Elemente der Datenbank sichtbar gemacht.

Kapitel 2

Registerkarten und Fenster

Sie haben die Wahl. Ihre Datenbankobjekte können Sie im Arbeitsbereich als Registerkarten nebeneinander anordnen oder in Form von Fenstern. Standard sind Register, wenn Sie lieber Fenster haben wollen, schalten Sie diese in den Access-Optionen ein.

Registerkarten

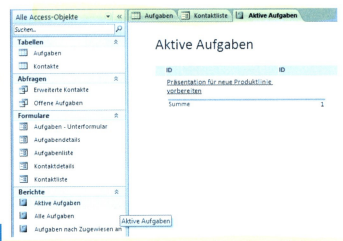

1 Um ein Objekt über den Navigationsbereich zu aktivieren, klicken Sie es doppelt an. Das Objekt (hier eine Tabelle, ein Formular und ein Bericht) wird in Form einer Registerkarte geöffnet.

2 Ein Klick auf das Kreuzsymbol rechts außen schließt das aktive Objekt wieder. Alternativ dazu können Sie auch das Kontextmenü des Registerreiters benutzen. Hier finden Sie auch einen Befehl, um alle Objekte zu schließen.

Registerkarten und Fenster

Fenster

1 Formulare können auch in Fenstern aktiv werden, wie zum Beispiel das Formular *Aufgabendetails*.

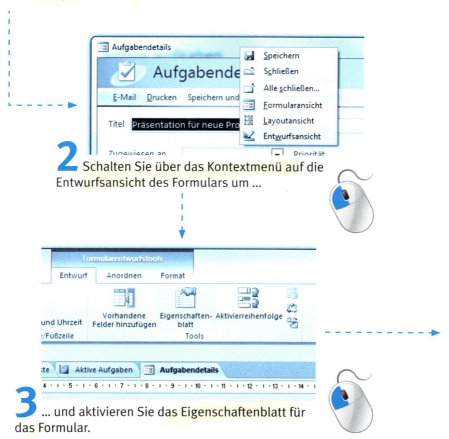

2 Schalten Sie über das Kontextmenü auf die Entwurfsansicht des Formulars um ...

3 ... und aktivieren Sie das Eigenschaftenblatt für das Formular.

67

Kapitel 2

4 Wenn im Register *Andere* die Eigenschaft *PopUp* auf *Ja* steht, wird das Formular in einem Fenster angeboten.

Ansicht für alle Objekte in den Optionen einstellen

Sie können alle Objekte, Tabellen, Formulare, Berichte und Abfragen in Fenstern anzeigen, wenn Sie damit lieber arbeiten als mit Registern. Sehen Sie in den Optionen nach.

1 Aktivieren Sie die Optionen aus dem *Datei*-Menü.

Registerkarten und Fenster

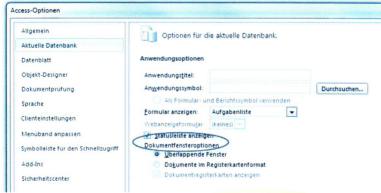

2 Schalten Sie um auf die Kategorie *Aktuelle Datenbank* und stellen Sie unter *Dokumentfensteroptionen Überlappende Fenster* ein.

3 Schließen Sie die Optionen mit *OK* ab und bestätigen Sie die Meldung ebenfalls mit Klick auf *OK*.

Kapitel 2

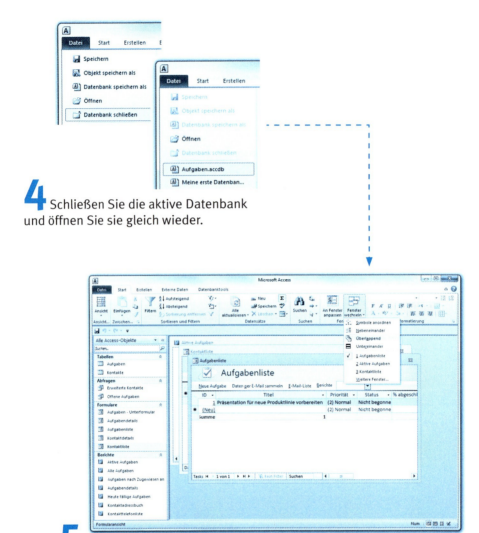

4 Schließen Sie die aktive Datenbank und öffnen Sie sie gleich wieder.

5 Jetzt werden alle Objekte in Fenstern angeboten. Mit dem Symbol *Fenster anordnen* im Register *Start* können Sie diese einzeln auswählen und überlappend oder nebeneinander anordnen.

Kleine Erfolgskontrolle

Haben Sie alles verstanden? Testen Sie sich selbst mit diesem kleinen Lückentext und tragen Sie die fehlenden Begriffe in die Lücken ein. Damit bleibt das Gelernte besser haften und Sie können anschließend in Ihrem Easy-Buch zu Access 2010 mit dem nächsten Kapitel weiterarbeiten.

Frage	Antwort
Das Angebot an Datenbankvorlagen finden Sie im ...	a) Windows-Explorer b) *Datei*-Menü c) Tabellenentwurf
Die Übersicht über alle Objekte (Tabellen, Formulare, Abfragen, Berichte) der Datenbank heißt ...	a) Navigationsbereich b) Access-Optionen c) Objektgruppe
Um ein Objekt im Navigationsbereich zu öffnen, klicken Sie es ...	a) einmal an b) doppelt an c) nicht an
Standardmäßig werden die Objekte der Datenbank ...	a) in Fenstern angezeigt b) als Symbole angeboten c) als Registerkarten nebeneinandergestellt
Um ein Formular zu gestalten, schalten Sie es um in die ...	a) Tabellenansicht b) Registeransicht c) Entwurfsansicht
Datenbankvorlagen finden Sie auch im Internet auf der Seite von ...	a) eBay b) Wikipedia c) Office Online

Das können Sie schon

Mit der Symbolleiste und dem Menüband arbeiten	35
Neue Datenbank anlegen, Vorlagen verwenden	56
Navigationsbereich verwenden	62
Objekte in Registern oder Fenstern anzeigen lassen	66

Das lernen Sie neu

Eine Adressverwaltung planen	74
Der erste Tabellenentwurf	77
Eine Tabelle mit Daten füllen	83
Die Tabellenstruktur erweitern	89
Felddatentypen unterscheiden und anwenden	89
Eine Tabelle sortieren und filtern	112

Kapitel 3

Adressen und Kontakte
Teil 1: Tabellenentwurf

In diesem Kapitel dreht sich alles um das wichtigste Grundelement einer Datenbank, um die Tabelle. Lernen Sie, was Felder und Tabellenstrukturen sind, wie Datentypen und andere Eigenschaften zugewiesen werden und welche Rolle die relationale Verknüpfung im Tabellendesign spielt. Am Ende des Kapitels werden Sie eine funktionelle Datenbank für die Verwaltung von Adressdaten aller Art erzeugt haben.

Adressverwaltung planen

Haben Sie Ihre Adress- und Telefonnummernverwaltung im Griff? Vielleicht benutzen Sie noch Visitenkartenkästen, Filofax, Notizbücher oder sammeln die Objekte (Bierdeckel, Servietten und Zigarettenschachteln …), auf denen Sie neue Kontakte und Telefonnummern notiert haben. Oder Sie sammeln Kontaktinformationen zeitgemäß mit Organizer, Notebook oder PC, benutzen da aber neben der Kontaktliste auf dem Mobiltelefon die unterschiedlichsten Datenspeicher wie Word-Tabellen, Excel-Listen, Outlook-Kontakte, was eine gezielte Suche auch nicht einfacher macht als die früher praktizierte Form.

Ihre neue Access-Datenbank macht Schluss mit der (digitalen) Zettelwirtschaft. Planen Sie eine globale Adresskartei für alle Adressen, die für Ihre Arbeit und/oder Ihre privaten Aktivitäten wichtig sind. Prüfen Sie jetzt, ob Sie an alles gedacht haben:

Mitarbeiterdaten

Personaldaten Ihrer Abteilung oder Firma werden für Rundschreiben und persönliche Anschreiben benötigt. Einladungen zu Betriebsfesten oder Geburtstagsfeiern erstellen Sie in Word und kombinieren sie mit der Access-Datenbank. Access kann auch Daten aus Personalverwaltungssystemen (SAP/HR) oder Stammdaten aus Buchhaltungssoftware verknüpfen und damit dynamisch verwalten.

Kunden

Adressdaten der Kunden sollten so ausführlich wie möglich gespeichert und sorgfältig gepflegt werden. Die richtige Adresse im Mailing oder Serienbrief und die persönliche Anrede des Ansprechpartners sind Aushängeschilder für Ihr Unternehmen. Speichern Sie auch das Kontaktdatum und »indirekte« Adressfelder wie Geburtstage, Hobbys, Vorlieben etc. Kundenstammdaten lassen sich auch einfach aus größeren Verwaltungssystemen (SAP) in Access-Datenbanken integrieren.

Freunde, Bekannte, Verwandte

Wie viel Zeit verbringen Sie monatlich, um Telefonnummern, E-Mail-Adressen oder Postleitzahlen von Bekannten ausfindig zu machen? Packen Sie auch alle persönlichen Adressen in Ihre Datenbank, ein gezieltes Filtern ist natürlich jederzeit möglich.

Eine neue Datenbank

Beginnen Sie mit der Anlage einer neuen Datenbank, speichern Sie diese in dem Ordner, den Sie in *Kapitel 1* für alle Easy-Datenbanken angelegt haben.

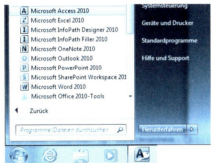

1 Starten Sie Access über *Start/Alle Programme/Microsoft Office* oder per Klick auf das Symbol in der Taskleiste. Nach dem ersten Aufruf finden Sie das Programmsymbol auch im Startmenü.

2 Klicken Sie auf das Symbol *Leere Datenbank ...*

Kapitel 3

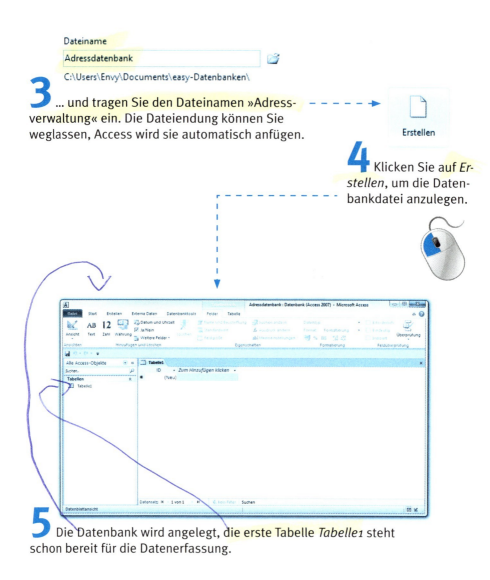

3 ... und tragen Sie den Dateinamen »Adressverwaltung« ein. Die Dateiendung können Sie weglassen, Access wird sie automatisch anfügen.

4 Klicken Sie auf *Erstellen*, um die Datenbankdatei anzulegen.

5 Die Datenbank wird angelegt, die erste Tabelle *Tabelle1* steht schon bereit für die Datenerfassung.

Die Datenbank ist bereits gespeichert, Sie können gleich mit dem Entwurf der ersten Tabelle beginnen. Im Gegensatz zu anderen Office-Daten wie Excel-Tabellen oder Word-Texten werden Daten bei Access nicht bis zur Speicherung im Zwischenspeicher gehalten, sondern direkt auf der Festplatte abgelegt. Nur Layoutanpassungen bei Formularen oder Tabellenentwürfe müssen gespeichert werden.

Der erste Tabellenentwurf

Die erste Tabelle soll unsere Kundenadressen und die allgemeinen Kontakte enthalten. Diese Tabelle nennen Sie »Kunden und Kontakte«.

Schreiben Sie alle Feldnamen wie abgebildet mit Groß- und Kleinschrift, verwenden Sie keine Leerzeichen in Feldnamen. Beachten Sie diese Regeln für Feldnamen:

Erlaubt	Nicht erlaubt
Maximal 64 Buchstaben und Zahlen. Der Feldname sollte mit einem Buchstaben beginnen. Sonderzeichen wie Leerzeichen, Bindestriche, Dollarzeichen sind erlaubt, sollten aber vermieden werden, da sie in Berichten zu Verwechslungen führen können.	Punkt (.)
	Ausrufezeichen (!)
	Akzente (´ `)
	Eckige Klammern ([ ])
	Doppelte Anführungszeichen („ ")

1 Mit einem Klick auf das Symbol *Ansicht* schalten Sie um auf den Tabellenentwurf. Hier können Sie die Feldreihenfolge und die Feldnamen der Tabelle bestimmen.

2 Jetzt müssen Sie die Tabelle speichern, geben Sie als Tabellennamen »Kunden und Kontakte« ein und bestätigen Sie mit einem Klick auf *OK*.

> **Hinweis**
>
> Für den Tabellenentwurf erhalten Sie im Menüband eine neue Registerkarte *Entwurf* angezeigt.

Kapitel 3

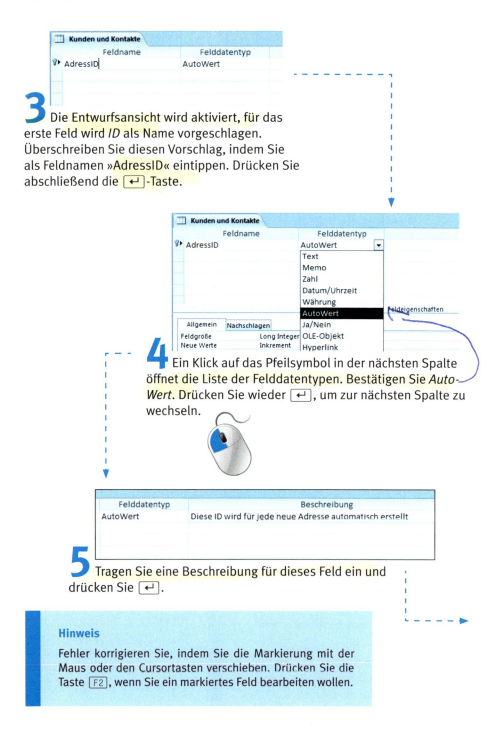

3 Die Entwurfsansicht wird aktiviert, für das erste Feld wird *ID* als Name vorgeschlagen. Überschreiben Sie diesen Vorschlag, indem Sie als Feldnamen »AdressID« eintippen. Drücken Sie abschließend die ⏎-Taste.

4 Ein Klick auf das Pfeilsymbol in der nächsten Spalte öffnet die Liste der Felddatentypen. Bestätigen Sie *AutoWert*. Drücken Sie wieder ⏎, um zur nächsten Spalte zu wechseln.

5 Tragen Sie eine Beschreibung für dieses Feld ein und drücken Sie ⏎.

> **Hinweis**
>
> Fehler korrigieren Sie, indem Sie die Markierung mit der Maus oder den Cursortasten verschieben. Drücken Sie die Taste F2, wenn Sie ein markiertes Feld bearbeiten wollen.

Der erste Tabellenentwurf

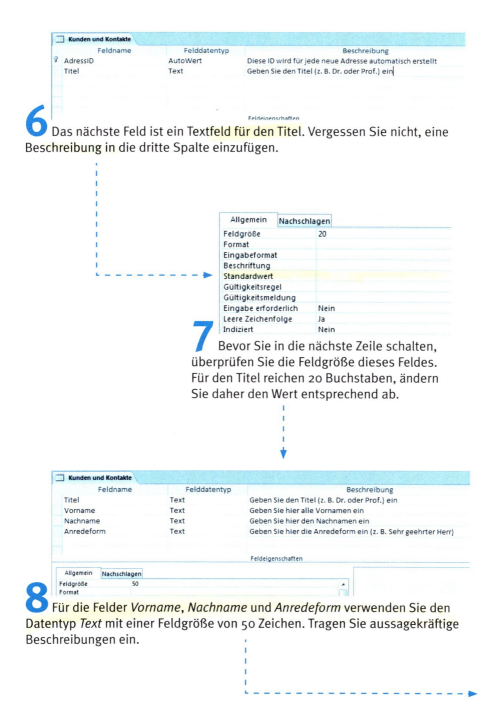

6 Das nächste Feld ist ein Textfeld für den Titel. Vergessen Sie nicht, eine Beschreibung in die dritte Spalte einzufügen.

7 Bevor Sie in die nächste Zeile schalten, überprüfen Sie die Feldgröße dieses Feldes. Für den Titel reichen 20 Buchstaben, ändern Sie daher den Wert entsprechend ab.

8 Für die Felder *Vorname*, *Nachname* und *Anredeform* verwenden Sie den Datentyp *Text* mit einer Feldgröße von 50 Zeichen. Tragen Sie aussagekräftige Beschreibungen ein.

Kapitel 3

Kunden und Kontakte		
Feldname	Felddatentyp	Beschreibung
Vorname	Text	Geben Sie hier alle Vornamen ein
Nachname	Text	Geben Sie hier den Nachnamen ein
Anredeform	Text	Geben Sie hier die Anredeform ein (z. B. Sehr geehrter Herr)
Straße	Text	Geben Sie hier die Straße und die Hausnummer ein
PLZ	Text	Geben Sie hier die Postleitzahl ein

Feldeigenschaften

Allgemein | Nachschlagen
Feldgröße 10
Format
Eingabeformat

9 Die Straße wird ebenfalls als Textfeld angelegt, ebenso die Postleitzahl. Reduzieren Sie die Textgröße auf 10 Zeichen.

Hinweis

Wenn Sie Auslandsadressen berücksichtigen wollen, legen Sie ein weiteres Feld mit dem Feldnamen *Land* an. Länderkennzeichen (D, CH ...) sollten nach den Vorgaben der Deutschen Post nicht mehr verwendet werden.

10 Die übrigen Felder sind reine Textfelder. Geben Sie für alle Felder im Beschreibungsfeld Hinweise zur Datenerfassung ein.

11 Damit ist die Feldliste vorläufig komplett. Klicken Sie auf das Diskettensymbol in der Symbolleiste für den Schnellzugriff, um die Tabelle noch einmal zu speichern.

Hinweis

Die Feldeigenschaften sehen zwar spezielle Eingabeformate zum Beispiel für Telefonnummern vor, diese sollten Sie aber anfangs nicht benutzen, da sie ganz bestimmte Eingabeformate vorschreiben und damit den ungeübten Benutzer ziemlich »nerven«.

Primärschlüssel zuweisen

Stellen Sie sicher, dass das erste Feld vom Typ *AutoWert* einen Primärschlüssel hat, damit Access weiß, welches Feld für Verknüpfungen heranzuziehen ist.

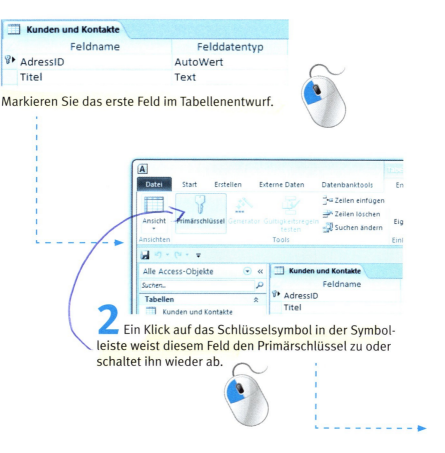

1 Markieren Sie das erste Feld im Tabellenentwurf.

2 Ein Klick auf das Schlüsselsymbol in der Symbolleiste weist diesem Feld den Primärschlüssel zu oder schaltet ihn wieder ab.

Kapitel 3

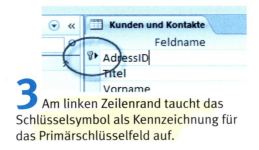

3 Am linken Zeilenrand taucht das Schlüsselsymbol als Kennzeichnung für das Primärschlüsselfeld auf.

Was ist das?

Was ist ein Primärschlüssel? Mit diesem kennzeichnet Access ein Feld in der Tabelle, das eindeutig ist. In unserem Fall ist zum Beispiel die AdressID, die mit einem AutoWert-Feld hochgezählt wird, eindeutig (es gibt keine zwei gleichen Adressennummern). Access braucht ein Primärschlüsselfeld, um eine Beziehung zwischen dieser und einer anderen Tabelle herstellen zu können. Es gibt mehrere Primärschlüsselarten, aber der eindeutige Primärschlüssel, den wir hier zugewiesen haben, ist der gebräuchlichste.

Umschalten zwischen Entwurfs- und Datenblattansicht

Sie können Ihre Tabelle mit einem einzigen Symbol in verschiedene Ansichten schalten. Die Datenblattansicht stellt die Tabelle für die Eingabe der Daten zur Verfügung, hier können Sie Ihre Adressen erfassen. Wenn Sie weiter am Entwurf »feilen« müssen, schalten Sie einfach wieder zurück in die Entwurfsansicht.

1 Mit dem Symbol *Ansicht* links im Menüband schalten Sie die Tabelle von der Entwurfsansicht in die Datenblattansicht um.

Tabelle mit Daten füllen

2 Zurück geht´s ebenfalls wieder per Klick auf das Symbol *Ansicht*. Sie können auch das Pfeilsymbol anklicken und die gewünschte Ansicht über die daraufhin geöffnete Befehlsliste auswählen.

Tabelle mit Daten füllen

Ihre erste Tabelle für die Adressverwaltung ist fertig. Beginnen Sie jetzt mit der Erfassung Ihrer Kundenadressen und Kontakte.

Daten in die Tabelle eingeben

1 Das Tabellenobjekt können Sie per Doppelklick auf den Tabellennamen im Navigationsbereich öffnen.

83

Kapitel 3

2 Die Tabelle steht zur Eingabe bereit, die Schreibmarke blinkt im ersten Feld des ersten Datensatzes.

3 Das erste Feld können Sie nicht beschriften, es wird die automatisch hochgezählte Kundennummer enthalten. Drücken Sie die ⏎-Taste, um zum nächsten Feld zu wechseln.

4 Geben Sie die erste Adresse ein, drücken Sie nach jedem Feld die ⏎-Taste.

5 Das Feld für die Anredeform ist etwas zu klein. Zeigen Sie auf die rechte Spaltenlinie ...

6 ... und ziehen Sie die Spalte einfach breiter.

> **Hinweis**
>
> Mit einem Doppelklick auf die Spaltentrennlinie stellen Sie die optimale Spaltenbreite ein. Das ist die Breite, in der alle Inhalte gerade noch Platz haben.

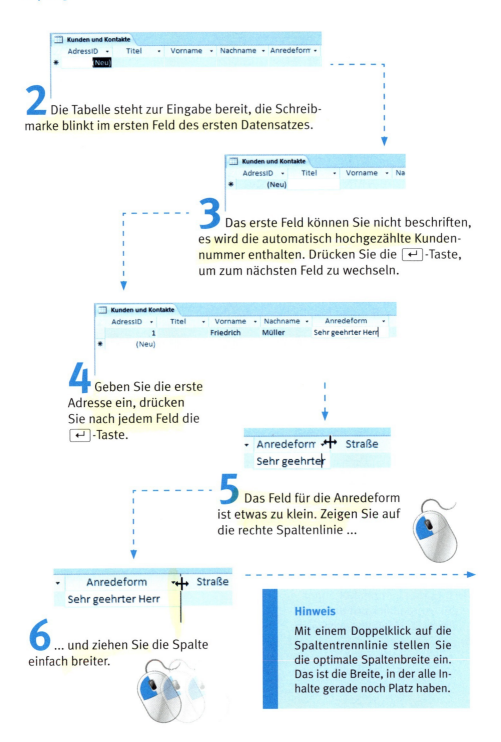

Tabelle mit Daten füllen

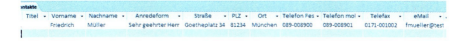

7 Tragen Sie den vollständigen ersten Datensatz ein. Mit der ⏎-Taste springt die Schreibmarke jeweils zum nächsten Feld. Bestätigen Sie die Eingabe im letzten Feld ebenfalls mit der ⏎-Taste.

8 Die Schreibmarke springt in das erste Feld des zweiten Datensatzes. Drücken Sie noch einmal ⏎ und starten Sie die Eingabe der nächsten Kundenadresse.

Und das sind die weiteren Adressen, die Sie jetzt in Ihre Tabelle aufnehmen dürfen (die restlichen Daten wie Telefonnummern und E-Mail nach Fantasie):

AdressNr	Titel	Vorname	Name	Anredeform	Straße	PLZ	Wohnort
2		Willi	Hoffmann	Lieber Willi,	Bergstr. 12	81033	München
3	Dr.	Gerlinde	Meier	Sehr geehrte Frau Dr. Meier,	Frankfurter Ring 33	83099	München
4		Dieter	Fröhlich	Hallo Dieter,	Neckarstraße 433	70311	Stuttgart
5		Heinz	Görlitz	Lieber Herr Görlitz,	Am Landtag 49	71220	Stuttgart
6		Beate	Grell	Sehr geehrte Frau Grell,	Möhrfelder Str. 111	62304	Frankfurt
7		Doris	Zenker	Liebe Doris,	Goethestr. 344	64233	Frankfurt
8		Richard	Röhrig	Hallo Richard,	Weilheimer Str. 34	90311	Steinfelden

> **Hinweis**
>
> Mit der Tastenkombination Strg+# übertragen Sie den Feldinhalt des vorherigen Datensatzes in das aktuelle Feld.

Navigieren in der Tabelle

Von Feld zu Feld

Drücken Sie die ⏎-Taste, um zum nächsten Feld zu schalten. Sie können auch mit der ⇆-Taste von Feld zu Feld schalten (⇧+⇆ schaltet ein Feld zurück) oder einfach die Pfeiltasten benutzen.

Cursor in ein Feld setzen

Wollen Sie den Inhalt eines bereits abgeschlossenen Feldes ändern, setzen Sie den Cursor mit dem Mauszeiger in das Feld. Ist das Feld bereits markiert, drücken Sie die Funktionstaste F2. Jetzt können Sie die Schreibmarke mit den Cursortasten an die gewünschte Textstelle verschieben.

Der Datensatznavigator

Das sind die Symbole links unten am Tabellenrand. Benutzen Sie diesen Navigator, um gezielt zu bestimmten Datensätzen in der Tabelle zu wechseln:

`Datensatz: |◀ ◀ 5 von 8 ▶ ▶| ▶*`

|◀   Klicken Sie auf dieses Symbol, um zum ersten Datensatz in der Tabelle zu schalten.

▶| Damit schalten Sie auf den letzten Datensatz der Tabelle um.

▶   Mit diesem Pfeil setzen Sie die Markierung in den nächsten Datensatz.

◀   Ein Klick auf diesen Pfeil markiert den vorherigen Datensatz.

▶*   Mit diesem Symbol wechseln Sie an das Ende der Tabelle, sodass Sie einen neuen Datensatz eingeben können.

5 von 8   Hier wird die aktuelle Datensatznummer angezeigt. Sie können in das Feld klicken und eine Nummer eingeben, um den zugehörigen Datensatz anzuzeigen.

Datensatzmarkierer

Achten Sie einmal auf den Datensatzmarkierer ganz links außen an der Zeile, die Sie gerade bearbeiten: Wenn er die Form eines Bleistifts hat, bedeutet dies, dass der Datensatz momentan in Bearbeitung ist. Zeigt er aber ein schwarzes Dreieck, ist die Zeile komplett in der Datenbank gespeichert.

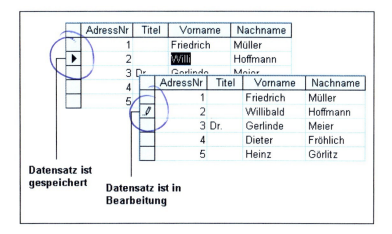

Tabelle schließen und wieder öffnen

Wenn Sie mit der Erfassung der ersten Adressen fertig sind, können Sie die Tabelle wieder schließen. Speichern müssen Sie nur den Entwurf, die Datensätze (Adressen) speichert Access automatisch.

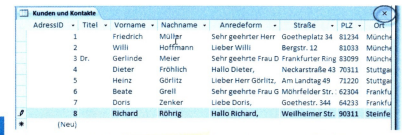

1 Klicken Sie auf das Kreuzsymbol rechts oben, um die Registerkarte mit der Tabelle zu schließen.

Kapitel 3

2 Wenn der Entwurf ungespeicherte Änderungen enthält, erscheint eine entsprechende Meldung. Klicken Sie auf *Ja*, um die Tabelle noch einmal zu speichern.

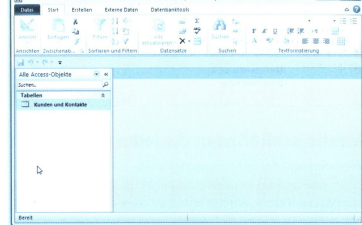

3 Die Tabelle wird geschlossen, der Arbeitsbereich ist leer, nur der Navigationsbereich wird noch angezeigt.

> **Hinweis**
>
> Die Nachfrage, ob Änderungen gespeichert werden sollen, bezieht sich nur auf Layoutänderungen wie Spaltenbreiten. Datensätze, die Sie in eine Tabelle eintragen, werden nach vollständiger Eingabe automatisch in der aktiven Datenbank gespeichert. Sobald der Cursor (Schreibmarke) aus der Zeile verschwindet, schreibt Access den neuen Kundensatz in die Datenbank. Dies erhöht zum einen die Sicherheit bei der Datenerfassung und bietet zum anderen die Möglichkeit, dass mehrere Anwender gleichzeitig an und mit den Daten einer Datenbank arbeiten können.

Tabellenstruktur erweitern

Obwohl Sie bereits Daten in Ihre Adressentabelle eingegeben haben, können Sie jederzeit die Struktur der Tabelle, das heißt die Anzahl, Bezeichnung und Anordnung der Feldnamen, ändern. Nehmen Sie ruhig neue Felder in die Tabelle mit auf und tragen Sie die Felddaten einfach im Datenblatt nach. Die strikte Trennung der beiden Modi Entwurfsmodus und Datenblatt macht diese Änderungen jederzeit möglich. (»Jederzeit« ist allerdings etwas übertrieben. Sobald die Tabelle in Beziehung mit anderen gebracht wird, sollten Sie die Struktur nicht mehr antasten.)

> **Hinweis**
>
> Den Datentyp eines Feldes sollten Sie auf keinen Fall ändern, wenn die Tabelle in der jeweiligen Spalte bereits Daten enthält. Entscheiden Sie sich beispielsweise, ein Textfeld in ein Zahlenfeld umzuwandeln, werden die bereits gespeicherten Daten mit Sicherheit verloren gehen.

Übersicht über die Felddatentypen

Hier eine Liste der Felddatentypen, die Sie in einem Tabellenentwurf verwenden dürfen. Zahlenfelder werden in Byte gemessen, ein Byte ist in der Datenverarbeitung ein Zeichen.

Datentyp	Beschreibung	Größe maximal
Text	Für Texteingaben aller Art und Zahlen, die nicht zum Rechnen geeignet sind	255 Zeichen
Memo	Für längere Texte, Beschreibungen, Erklärungen zum Datensatz	65 535 Zeichen
Zahl	Zahlen und Nummern	Je nach Feldgröße 1 Byte bis 8 Byte
Datum	Datums- und Zeitwerte. Die Datumsrechnung beginnt im Jahr 100 und endet 9999.	8 Byte

Währung	Für Währungsbeträge mit vier Nachkommastellen Genauigkeit	8 Byte
AutoWert	Für automatisch hochgezählte Nummern	4 Byte
Ja/Nein	Nimmt nur den Wert *Ja* oder *Nein* an	1 Bit
OLE-Objekt	Bilder und Objekte aus anderen Programmen	1 Gigabyte
Hyperlink	Texte, die als Hyperlink-Adresse verwendbar sind	Bis zu 64 000 Zeichen
Anlage	Anlagen wie Bilder, Tabellen, Textdateien, die nicht in der Datenbank gespeichert werden	Jeder Dateityp, der unterstützt wird
Berechnet	Zeigt einen Wert an, der unter Verwendung anderer Daten derselben Tabelle berechnet wird	Je nach Größe der verwendeten Felder
Nachschlage-Assistent	Erstellt eine Auswahlliste mit eingegebenen Werten oder Werten aus anderen Tabellen	Feldgröße der anderen Tabelle

Neue Felder im Datenblatt

Wenn Sie feststellen, dass ein wichtiges Feld fehlt, können Sie Ihre Tabellenstruktur direkt während der Erfassung von Adressen erweitern. Access erkennt sogar automatisch, ob es sich um ein Text-, Zahlen- oder Datumsfeld handelt, wenn Sie die entsprechenden Daten eingeben. Am rechten Rand der Tabelle steht dazu eine Spalte mit der Überschrift *Neues Feld hinzufügen* zur Verfügung. Geben Sie hier Daten ein, wird automatisch ein neues Feld angelegt. Den Feldnamen (Feld1, Feld2 ...) können Sie später im Entwurf ändern.

> **Hinweis**
>
> Schalten Sie anfangs lieber auf die Entwurfsansicht um, hier können Sie Feldnamen und Felddatentyp sicher zuweisen.

Tabellenstruktur erweitern

Ein neues Feld: Erfassungsdatum

1 Öffnen Sie die Adressentabelle im Entwurfsmodus, klicken Sie dazu mit der rechten Maustaste auf den Namen der Tabelle im Navigationsbereich und wählen Sie *Entwurfsansicht*.

2 Setzen Sie den Cursor per Mausklick in die nächste freie Zeile der Feldliste.

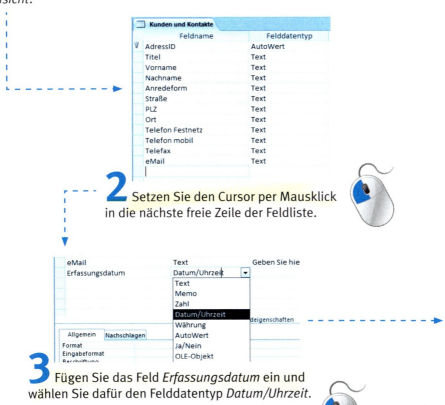

3 Fügen Sie das Feld *Erfassungsdatum* ein und wählen Sie dafür den Felddatentyp *Datum/Uhrzeit*.

Kapitel 3

4 Als Standardwert soll das Tagesdatum vorgeschlagen werden. Klicken Sie dazu in die passende Eigenschaftenzeile dieses Feldes (hier *Standardwert*) und öffnen Sie per Klick auf das Symbol rechts den *Ausdrucks-Generator*.

> **Hinweis**
>
> Der Ausdrucks-Generator ist ein Programm zur Konstruktion von Formeln für Feldinhalte.

5 Klicken Sie auf das Pluszeichen neben *Funktionen*, dann auf *Integrierte Funktionen* und im mittleren Feld auf die Kategorie *Datum/Uhrzeit*.

Tabellenstruktur erweitern

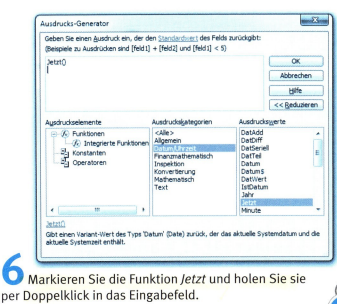

6 Markieren Sie die Funktion *Jetzt* und holen Sie sie per Doppelklick in das Eingabefeld.

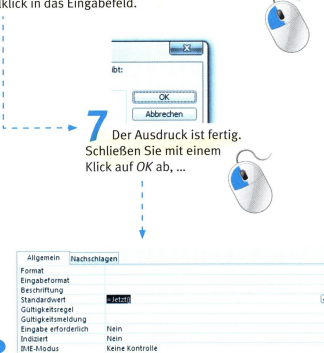

7 Der Ausdruck ist fertig. Schließen Sie mit einem Klick auf *OK* ab, ...

8 ... und der Standardwert ist als Eigenschaft eingetragen.

Kapitel 3

19.05.2011 22:09:43

9 Der Standardwert wird bei der Erfassung eines neuen Datensatzes automatisch als Feldinhalt angeboten. Schalten Sie zur Datenblattansicht um, speichern Sie die Entwurfsänderung und übernehmen Sie für die nächste neue Adresse das vorgeschlagene Tagesdatum.

10 Klicken Sie auf das Kalendersymbol am rechten Rand des Datumsfeldes, wenn Sie das Datum ändern wollen. Holen Sie das Datum aus dem Kalender. Mit den Pfeilsymbolen schalten Sie zum nächsten/vorherigen Monat um.

Neues Feld: Geburtsdatum mit Gültigkeitsregel

Das nächste Feld heißt *Geburtsdatum*, fügen Sie es an die Feldliste an. Damit keine falschen Daten erfasst werden können, definieren Sie im *Eigenschaften*-Fenster eine Gültigkeitsregel. Setzen Sie dazu den Cursor in das Eigenschaftenfeld und starten Sie den Ausdrucks-Generator.

> **Was ist das?**
>
> Eine Gültigkeitsregel legt fest, was in dieses Feld eingegeben werden darf. Access speichert den Datensatz nur, wenn bei der Datenerfassung diese Regel eingehalten wird.

Tabellenstruktur erweitern

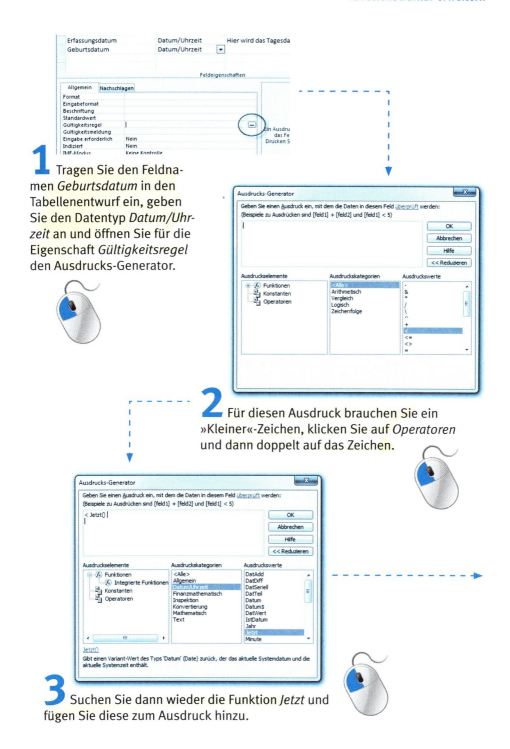

1 Tragen Sie den Feldnamen *Geburtsdatum* in den Tabellenentwurf ein, geben Sie den Datentyp *Datum/Uhrzeit* an und öffnen Sie für die Eigenschaft *Gültigkeitsregel* den Ausdrucks-Generator.

2 Für diesen Ausdruck brauchen Sie ein »Kleiner«-Zeichen, klicken Sie auf *Operatoren* und dann doppelt auf das Zeichen.

3 Suchen Sie dann wieder die Funktion *Jetzt* und fügen Sie diese zum Ausdruck hinzu.

Kapitel 3

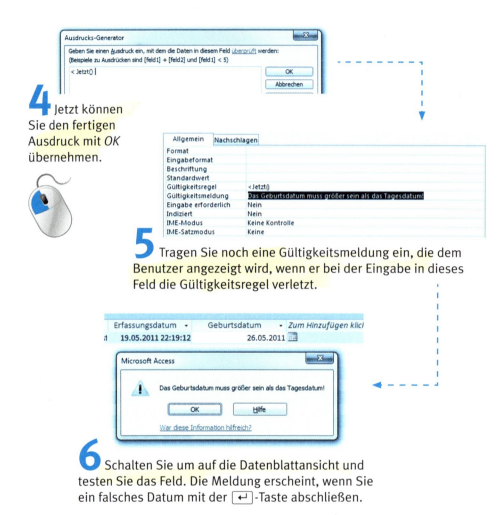

4 Jetzt können Sie den fertigen Ausdruck mit *OK* übernehmen.

5 Tragen Sie noch eine Gültigkeitsmeldung ein, die dem Benutzer angezeigt wird, wenn er bei der Eingabe in dieses Feld die Gültigkeitsregel verletzt.

6 Schalten Sie um auf die Datenblattansicht und testen Sie das Feld. Die Meldung erscheint, wenn Sie ein falsches Datum mit der ⏎-Taste abschließen.

> **Hinweis**
>
> Benutzen Sie wieder das Kalendersymbol oder drücken Sie die Esc-Taste, wenn Sie das Feld leer lassen wollen. Wenn Sie die Feldeigenschaft *Eingabe erforderlich* auf *Ja* gesetzt hatten, muss das Feld ausgefüllt werden.

> **Hinweis**
>
> Falls bei der Anlage neuer Felder eine Meldung mit dem Text »Die Regeln für die Datenintegrität wurden geändert ...« erscheint, bestätigen Sie diese mit Klick auf *Ja*. Sie weist nur darauf hin, dass neue Gültigkeitsregeln für einzelne Felder eingebaut wurden.

Weitere Felder: Memo und Hyperlink

Mit dem *Memo*-Feld bietet die Tabellenstruktur eine nützliche Alternative zum Textfeld, es kommt zum Einsatz, wenn Felder mit sehr viel Text gebraucht werden (Notizen, Bemerkungen etc.). Felder vom Typ *Hyperlink* brauchen Sie für »Links« auf Mailadressen oder ins Internet.

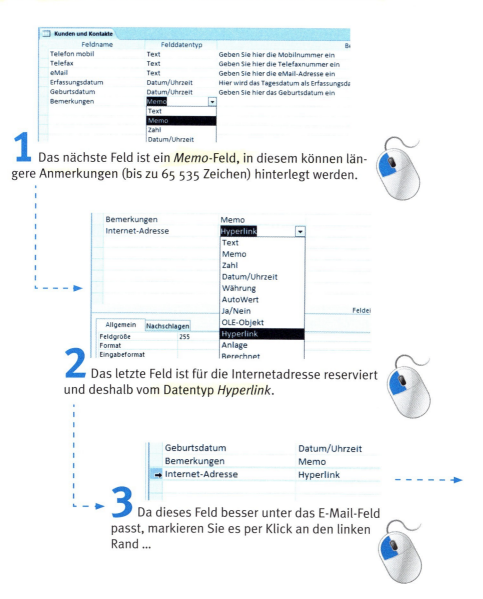

1 Das nächste Feld ist ein *Memo*-Feld, in diesem können längere Anmerkungen (bis zu 65 535 Zeichen) hinterlegt werden.

2 Das letzte Feld ist für die Internetadresse reserviert und deshalb vom Datentyp *Hyperlink*.

3 Da dieses Feld besser unter das E-Mail-Feld passt, markieren Sie es per Klick an den linken Rand ...

Kapitel 3

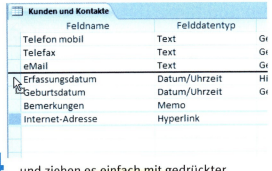

4 ... und ziehen es einfach mit gedrückter Maustaste an die neue Position.

5 Fertig ist die neue Feldstruktur, speichern Sie den Tabellenentwurf wieder per Klick auf das Diskettensymbol in der Symbolleiste für den Schnellzugriff.

Das *Hyperlink*-Feld für die Internetadresse kann direkt angeklickt werden und öffnet nach dem Anklicken die Seite im Internetbrowser (eine funktionierende Internetverbindung vorausgesetzt).

Schalten Sie zur Datenblattansicht um, speichern Sie die Tabelle und testen Sie die neuen Felder. Ergänzen Sie die Informationen für die bereits erstellten Datensätze und fügen Sie neue Adressen hinzu.

Der Nachschlage-Assistent

Einer der nützlichsten Einträge in der Liste der Felddatentypen ist der Nachschlage-Assistent. Damit erzeugen Sie Auswahllisten, die dem Anwender bei der Datenerfassung angeboten werden. Testen Sie den Assistenten an einem weiteren Feld in Ihrer Adressentabelle.

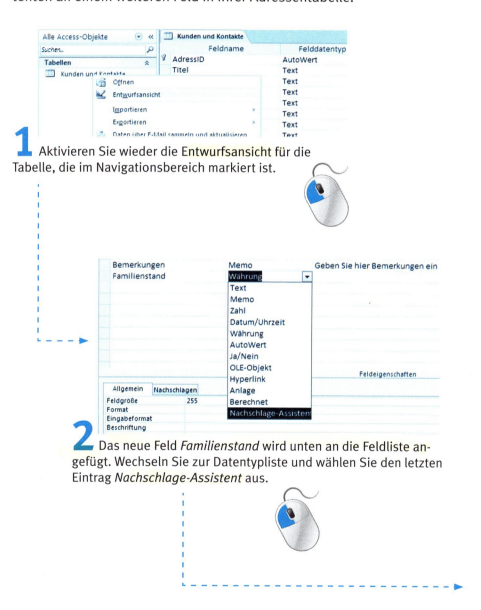

1 Aktivieren Sie wieder die Entwurfsansicht für die Tabelle, die im Navigationsbereich markiert ist.

2 Das neue Feld *Familienstand* wird unten an die Feldliste angefügt. Wechseln Sie zur Datentypliste und wählen Sie den letzten Eintrag *Nachschlage-Assistent* aus.

Kapitel 3

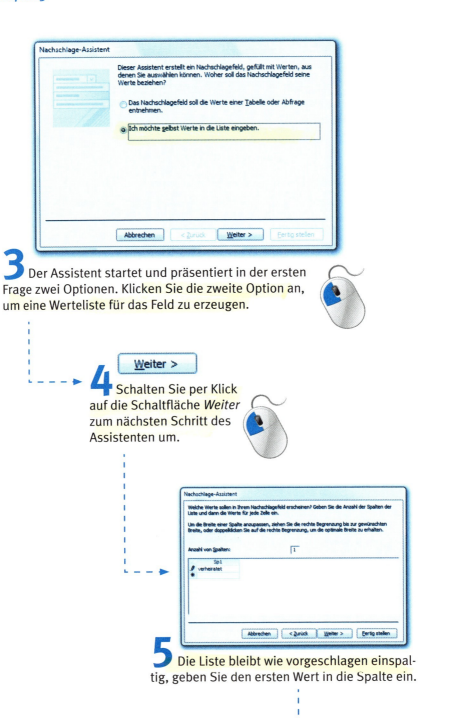

3 Der Assistent startet und präsentiert in der ersten Frage zwei Optionen. Klicken Sie die zweite Option an, um eine Werteliste für das Feld zu erzeugen.

4 Schalten Sie per Klick auf die Schaltfläche *Weiter* zum nächsten Schritt des Assistenten um.

5 Die Liste bleibt wie vorgeschlagen einspaltig, geben Sie den ersten Wert in die Spalte ein.

Tabellenstruktur erweitern

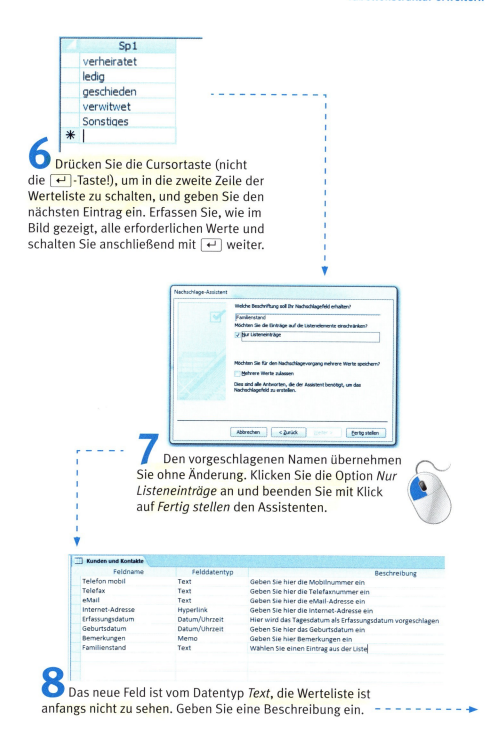

6 Drücken Sie die Cursortaste (nicht die ⏎-Taste!), um in die zweite Zeile der Werteliste zu schalten, und geben Sie den nächsten Eintrag ein. Erfassen Sie, wie im Bild gezeigt, alle erforderlichen Werte und schalten Sie anschließend mit ⏎ weiter.

7 Den vorgeschlagenen Namen übernehmen Sie ohne Änderung. Klicken Sie die Option *Nur Listeneinträge* an und beenden Sie mit Klick auf *Fertig stellen* den Assistenten.

8 Das neue Feld ist vom Datentyp *Text*, die Werteliste ist anfangs nicht zu sehen. Geben Sie eine Beschreibung ein.

101

Kapitel 3

9 Holen Sie im *Eigenschaften*-Fenster die zweite Registerkarte *Nachschlagen* in den Vordergrund. Hier wird die Werteliste in der Datensatzherkunft angezeigt.

> **Hinweis**
>
> Sie können den Cursor in das Feld setzen und die Werte ändern, neue Werte anfügen oder die Werte umsortieren. Geben Sie jeweils ein Semikolon als Trennzeichen ein und schreiben Sie alle Werte zwischen Anführungszeichen.

10 Damit ist die Änderung komplett, Sie können zur Datenblattansicht umschalten und die Daten erfassen. Klicken Sie auf das Pfeilsymbol, um die Liste zu öffnen, und markieren Sie einen Eintrag.

> **Hinweis**
>
> Wenn Sie im Assistenten die Option *Nur Listeneinträge* auf *Ja* setzen, können nur Werte aus der Liste benutzt werden. Andernfalls kann der Benutzer der Tabelle auch eigene Texte eintragen.

Tabellenstruktur erweitern

Für das nächste Feld der Tabelle verwenden Sie wieder den **Nachschlage-Assistenten und eine Liste mit Vorschläge**n. Setzen Sie die Feldeigenschaften aber so, dass mehrere Einträge erlaubt sind.

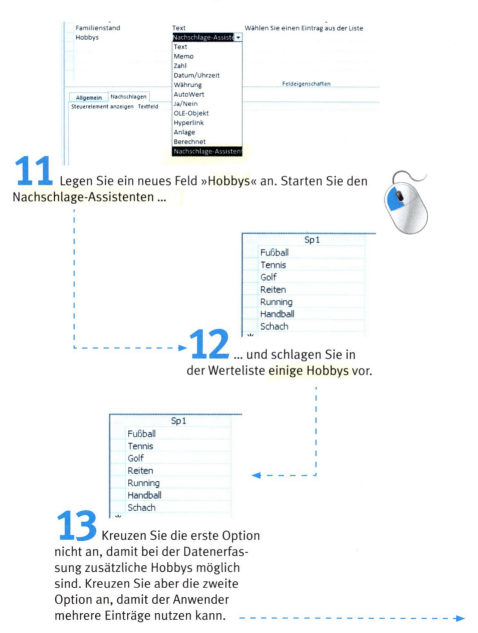

11 Legen Sie ein neues Feld »**Hobbys**« an. Starten Sie den Nachschlage-Assistenten …

12 … und schlagen Sie in der Werteliste **einige Hobbys** vor.

13 Kreuzen Sie die erste Option nicht an, damit bei der Datenerfassung zusätzliche Hobbys möglich sind. Kreuzen Sie aber die zweite Option an, damit der Anwender mehrere Einträge nutzen kann.

Kapitel 3

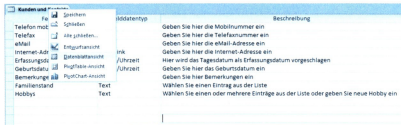

14 Geben Sie noch eine passende Beschreibung zum neuen Feld ein, speichern Sie den Entwurf und schalten Sie um auf die Datenblattansicht.

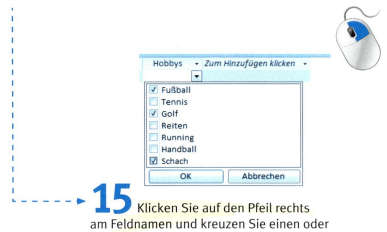

15 Klicken Sie auf den Pfeil rechts am Feldnamen und kreuzen Sie einen oder mehrere Vorschläge aus der Werteliste an.

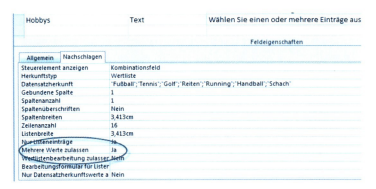

In den Feldeigenschaften dieses Feldes finden Sie den Eintrag *Mehrere Werte zulassen*.

Tabellenstruktur erweitern

Ein Feld für Fotos

Sicher haben Sie bereits einige Fotos von Freunden und Bekannten auf der Festplatte. Falls nicht, zücken Sie die Digitalkamera und knipsen Sie Adressenfotos für Ihre Datenbank.

Die Bilddateien übertragen Sie in den Ordner *Bilder*, einen Unterordner Ihres Benutzerordners (oder in einen anderen Ordner Ihrer Wahl).

1 Fügen Sie ein weiteres Feld in die Feldstruktur der Tabelle ein, nennen Sie es »Foto« und weisen Sie ihm den Felddatentyp *OLE-Objekt* zu.

2 Speichern Sie den Feldentwurf und schalten Sie um auf die Datenblattansicht. Klicken Sie mit der rechten Maustaste in das *Foto*-Feld eines Datensatzes und wählen Sie *Objekt einfügen*.

> **Hinweis**
>
> Sie können das Feld wie hier im Bild einfach nach vorne verschieben. Ziehen Sie dazu den Feldnamen mit gedrückter Maustaste nach links.

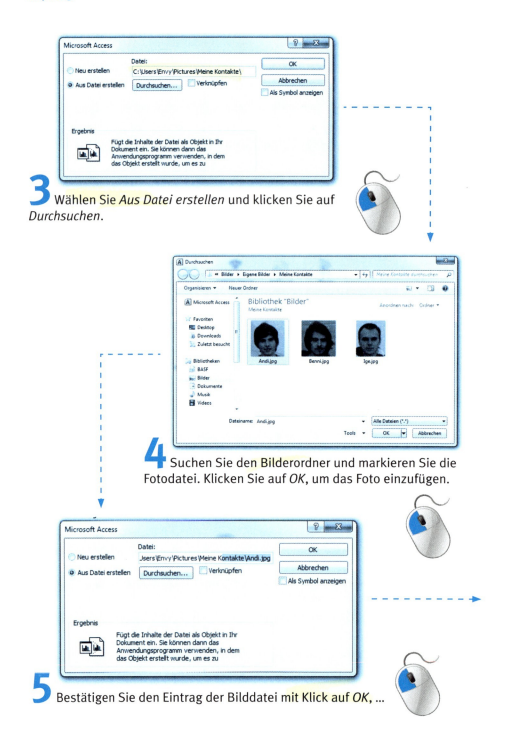

3 Wählen Sie *Aus Datei erstellen* und klicken Sie auf *Durchsuchen*.

4 Suchen Sie den Bilderordner und markieren Sie die Fotodatei. Klicken Sie auf *OK*, um das Foto einzufügen.

5 Bestätigen Sie den Eintrag der Bilddatei mit Klick auf *OK*, ...

Tabellenstruktur erweitern

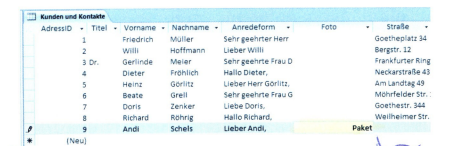

6 ... und das Foto wird als »Paket« in das Feld eingefügt.

7 Das Foto kann im Datenblatt natürlich nicht angezeigt werden, ein Doppelklick auf das Feld öffnet aber das Foto in Ihrem Windows-Programm, mit dem Fotos bearbeitet werden.

8 Bearbeiten Sie das Foto, falls nötig, und schließen Sie das Anzeigeprogramm wieder.

> **Hinweis**
>
> Das zuständige Fotobearbeitungsprogramm ist in Windows standardmäßig die Windows-Fotoanzeige. Haben Sie ein Grafikprogramm installiert, das die Kontrolle über Bilddaten übernimmt (z. B. Adobe Photoshop, Corel Draw oder Paint Shop), wird dieses für die Bildanzeige aufgerufen.

Kapitel 3

Der Felddatentyp Anlagen

Ein weiterer Felddatentyp in Access 2010 bietet Ihnen die Möglichkeit, Dateien als Anlagen an Datensätze anzubinden. Das hat vor allem bei Kontaktdaten große Vorteile: Informationen über Kunden und Geschäftspartner, Textdokumente, Tabellen, Grafikdateien wie Fotos, Zeichnungen oder Skizzen werden in Bezug gesetzt mit den Adressen und können bei Bedarf schnell personenbezogen abgerufen werden.

Erstellen Sie ein Einladungsschreiben mit dem Textprogramm Word und binden Sie dieses als Anlage an einzelne Adressen in Ihrer Kontaktedatenbank an.

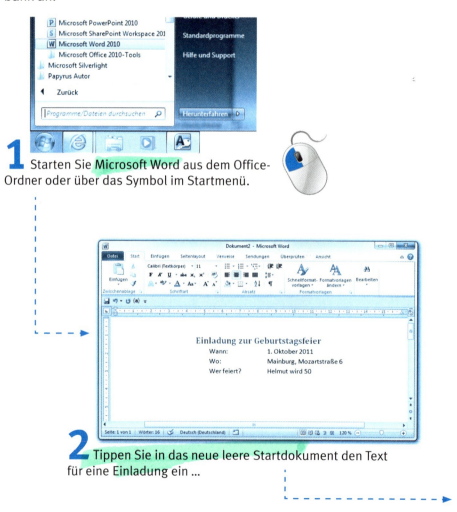

1 Starten Sie Microsoft Word aus dem Office-Ordner oder über das Symbol im Startmenü.

2 Tippen Sie in das neue leere Startdokument den Text für eine Einladung ein …

Tabellenstruktur erweitern

3 ... und speichern Sie diesen als Textdokument in Ihrem *Dokumente*-Ordner. Klicken Sie dazu auf das Register *Datei* und wählen Sie *Speichern unter*.

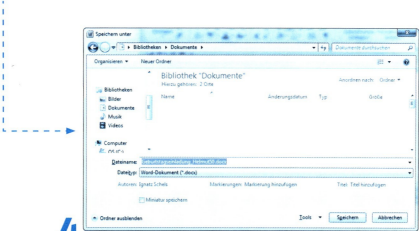

4 Geben Sie einen Dateinamen an und speichern Sie das Word-Textdokument als Datei mit der Endung *DOCX*.

Hinweis

Die Dateiendung sehen Sie hier nur, wenn sie in den Ordneroptionen von Windows aktiviert wurde.

Kapitel 3

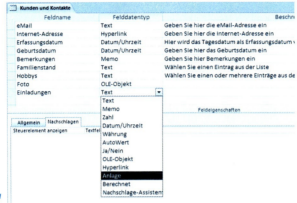

5 Schließen Sie das Textprogramm Word wieder und öffnen Sie in Access den Feldentwurf der Tabelle. Tragen Sie in die nächste leere Zeile der Feldliste den Feldnamen »Einladungen« ein und wählen Sie *Anlage* als Felddatentyp.

6 Ein Klick auf das *Ansicht*-Symbol schaltet zur Datenblattansicht um. Die Abfrage, ob Sie den Tabellenentwurf speichern wollen, bestätigen Sie mit *Ja*.

7 Das neue Feld steht ganz rechts als letzte Spalte zur Verfügung. Klicken Sie doppelt auf das Feld des ersten Datensatzes …

Tabellenstruktur erweitern

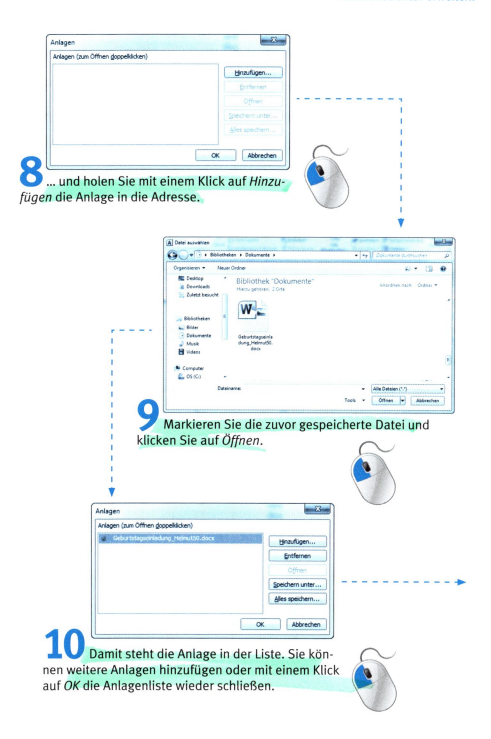

8 ... und holen Sie mit einem Klick auf *Hinzufügen* die Anlage in die Adresse.

9 Markieren Sie die zuvor gespeicherte Datei und klicken Sie auf *Öffnen*.

10 Damit steht die Anlage in der Liste. Sie können weitere Anlagen hinzufügen oder mit einem Klick auf *OK* die Anlagenliste wieder schließen.

Kapitel 3

11 Das Feld zeigt an, wie viele Anlagen gespeichert sind. Mit einem Doppelklick in das Feld öffnen Sie die Übersicht wieder. Und um eine zugewiesene Anlage zu aktivieren, klicken Sie auf *Öffnen*.

Daten sortieren und filtern

Die Tabelle ist natürlich nicht die einzige Anzeigeform Ihrer Daten, aber sie lässt sich schon mit vielen Programmfunktionen bearbeiten und in die gewünschte Form bringen. Sie können Ihre Kundendaten zum Beispiel nach einem der Felder, sagen wir nach dem Nachnamen oder der Ortsbezeichnung, sortieren und die sortierte Tabelle dann auf einem Drucker ausgeben. Access bietet Ihnen die Möglichkeit, die Datensätze alphabetisch auf- oder absteigend zu sortieren. Und wenn Sie wollen, sortieren Sie nach mehreren Spalten.

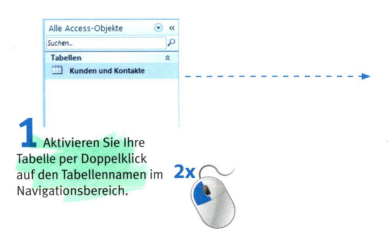

1 Aktivieren Sie Ihre Tabelle per Doppelklick auf den Tabellennamen im Navigationsbereich.

Daten sortieren und filtern

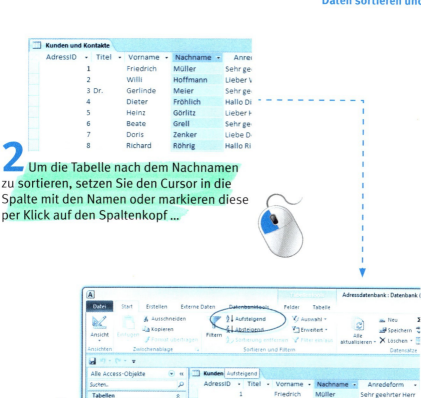

2 Um die Tabelle nach dem Nachnamen zu sortieren, setzen Sie den Cursor in die Spalte mit den Namen oder markieren diese per Klick auf den Spaltenkopf ...

3 ... und klicken auf das Symbol für die aufsteigende Sortierung. Sie finden es im Menüband auf der Registerkarte *Start* in der Gruppe *Sortieren und filtern*.

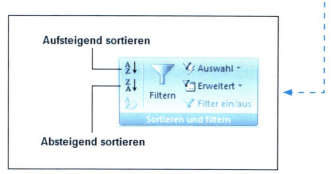

4 Durch einen Klick auf das Symbol mit der Beschriftung ZA (von Z nach A) wird die Liste absteigend sortiert. Sortiert wird wieder das Feld, in dem die Markierung steht.

113

Kapitel 3

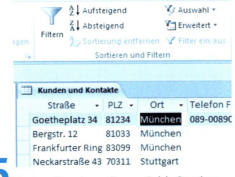

5 Testen Sie ein weiteres Feld: Sortieren Sie die Tabelle nach dem Ort (ein Feld reicht als Markierung aus).

> **Hinweis**
>
> Für eine Sortierung über mehrere Felder markieren Sie die Spalten gemeinsam. Das bedeutet nicht, dass zuerst das erste und dann das zweite Feld sortiert wird, sondern dass alle Datensätze, die im ersten Sortierfeld identische Einträge aufweisen, nach dem zweiten Feld sortiert werden.

Tabelle filtern

Um die Tabelle beispielsweise so aufzubereiten, dass nur die Kunden aus einer bestimmten Region angezeigt werden, oder generell, um die Anzeige auf eine bestimmte Gruppe von Datensätzen zu reduzieren, verwenden Sie die Filterfunktionen. Ein Filter wird auf eine Tabelle angewendet und kann dann beliebig ein- und wieder ausgeschaltet werden. Sie können Ihre Filter sogar speichern und sich bei Bedarf dann den passenden Filter für die Tabelle aussuchen.

Wählen Sie zwischen diesen Filterarten:

- ■ dem »auswahlbasierten Filter«, bei dem Sie einfach ein Feld in einem Datensatz markieren, das als Filterkriterium für alle anderen dienen soll.

- ■ dem »auswahlausschließenden Filter«, der alle Sätze anzeigt, die nicht dem ausgewählten Filterkriterium entsprechen.

Daten sortieren und filtern

- dem »formularbasierten Filter«. Das sind Filterkriterien, die Sie für die gesamte Tabelle in ein separates Filterfenster eingeben.

- dem »Spezialfilter«. Hier erhalten Sie ein Abfragefenster angezeigt, in dem Sie die Filterkriterien mit logischen Zeichen wie =, >, < formulieren können.

Der auswahlbasierte Filter

Die erste Filterung soll die Tabelle so aufbereiten, dass nur die Kunden aus München angezeigt werden. Wir verwenden zunächst den »auswahlbasierten Filter«:

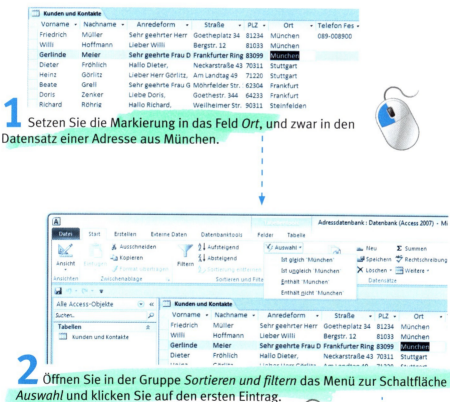

1 Setzen Sie die Markierung in das Feld *Ort*, und zwar in den Datensatz einer Adresse aus München.

2 Öffnen Sie in der Gruppe *Sortieren und filtern* das Menü zur Schaltfläche *Auswahl* und klicken Sie auf den ersten Eintrag.

115

Kapitel 3

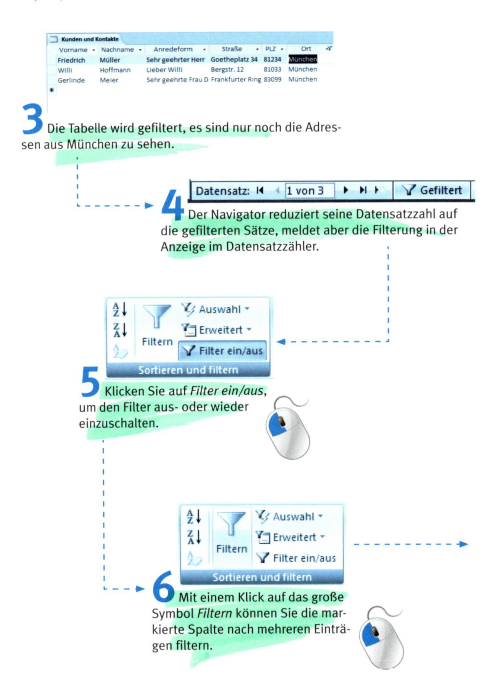

3 Die Tabelle wird gefiltert, es sind nur noch die Adressen aus München zu sehen.

4 Der Navigator reduziert seine Datensatzzahl auf die gefilterten Sätze, meldet aber die Filterung in der Anzeige im Datensatzzähler.

5 Klicken Sie auf *Filter ein/aus*, um den Filter aus- oder wieder einzuschalten.

6 Mit einem Klick auf das große Symbol *Filtern* können Sie die markierte Spalte nach mehreren Einträgen filtern.

116

Daten sortieren und filtern

> **Hinweis**
>
> Auch diesen Filter deaktivieren Sie wieder mit *Filter ein/aus*. Sie können ihn aber auch noch einmal starten und alle Einträge auswählen.

7 Die Liste am markierten Feld zeigt jetzt alle Einträge einmalig an, kreuzen Sie an, was Sie an Datensätzen sehen wollen, oder wählen Sie *(Alle auswählen)*, um sämtliche Einträge zu markieren beziehungsweise abzuwählen. Per Klick auf *OK* wird der Filter gestartet.

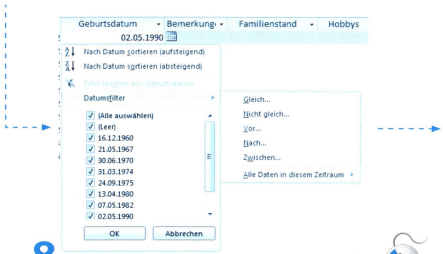

8 Der Menüfilter bietet Filterkriterien, die vom Felddatentyp abhängig sind. Im Datumsfeld *Geburtsdatum* können Sie beispielsweise das Anfangs- und das Enddatum wählen ...

117

Kapitel 3

9 ... oder gezielt bestimmte Zeiträume wählen, wie hier zum Beispiel einen Monat.

Der formularbasierte Filter

Verwenden Sie den »formularbasierten Filter«, um die Tabelle nach mehreren Kriterien zu filtern, beispielsweise nach Wohnort und Familienstand.

1 Starten Sie den *Formularbasierten Filter* über das Symbol *Erweitert*.

118

Daten sortieren und filtern

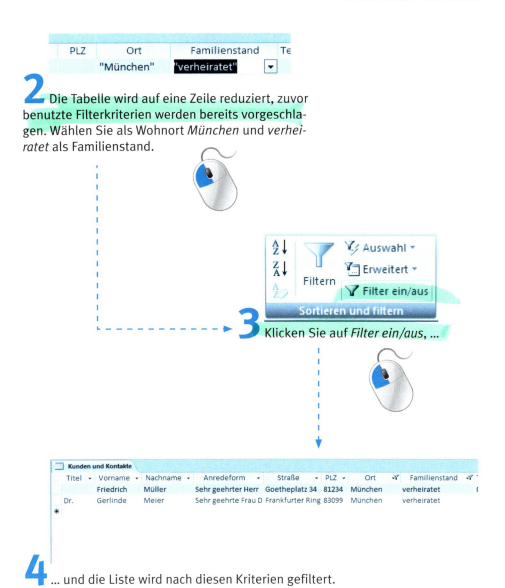

2 Die Tabelle wird auf eine Zeile reduziert, zuvor benutzte Filterkriterien werden bereits vorgeschlagen. Wählen Sie als Wohnort *München* und *verheiratet* als Familienstand.

3 Klicken Sie auf *Filter ein/aus*, ...

4 ... und die Liste wird nach diesen Kriterien gefiltert.

119

Kapitel 3

Kleine Erfolgskontrolle

Hier ein paar Wiederholungsfragen zum Kapitel. Testen Sie sich, kreuzen Sie die richtige Antwort an (nur eine ist richtig). Natürlich dürfen Sie im Buch zurückblättern, wenn Sie nicht sicher sind!

Frage	Antwort
Welche Endung haben Access 2010-Datenbankdateien?	a) EXE b) ACCDB c) JPG d) XLSX
Wie heißt der Felddatentyp, der automatisch eine fortlaufende Nummer zeugt?	a) Text b) Hyperlink c) Memo d) AutoWert
Woran erkennen Sie, dass einem Feld ein Primärschlüssel zugewiesen wurde?	a) Im Entwurfsfenster am Schlüsselsymbol links am Zeilenrand b) Am Felddatentyp im Entwurf c) Am Feldnamen d) Gar nicht
In welchen Anzeigemodus schalten Sie bei der Arbeit mit diesem Symbol um?	a) Text oder Zahl b) Tabelle oder Bericht c) Vollbild oder Fenster d) Entwurfsmodus
Was bedeutet das Bleistiftsymbol, das links am Rand eines Datensatzes angezeigt wird?	a) Der Datensatz ist leer. b) Der Datensatz ist doppelt vorhanden. c) Der Datensatz ist gelöscht. d) Der Datensatz ist gerade in Bearbeitung.

Kleine Erfolgskontrolle

Frage	Antwort
Wozu dient der Eintrag *Nachschlage-Assistent* in der Liste der Felddatentypen?	a) Zum Öffnen des elektronischen Lexikons b) Für Wertelisten oder Verknüpfungen auf andere Tabellen c) Zur Übersicht über die Felddatentypen d) Hat keine Auswirkung
Was erzwingt eine Gültigkeitsregel?	a) Dass der Datensatz nur gespeichert wird, wenn die Regel nicht verletzt wird b) Dass Access nur gültige Datumswerte zulässt c) Dass die Datenbank einen gültigen Dateinamen bekommt d) Dass der Felddatentyp eine gültige Bezeichnung erhält
Was wird mit einem formularbasierten Filter gefiltert, wenn im *Wohnort*-Feld »München« eingetragen ist?	a) Alle Datensätze, in denen der Wohnort nicht München ist b) Alle Datensätze, in denen der Wohnort München ist c) Alle Datensätze ohne Eingabe im Feld *Wohnort* d) Gar nichts

Das können Sie schon

Eine neue Datenbank anlegen	30
Eine Adressverwaltung planen	74
Eine Tabelle entwerfen und Felder einfügen	77, 83
Verschiedene Felddatentypen verwenden	89
Die Tabelle sortieren und filtern	112

Das lernen Sie neu

Die erste relationale Verknüpfung	124
Relationale Beziehungen überprüfen	134
Schnelle automatische Formulare	136
Ein automatischer Bericht für die Adressliste	142

Kapitel 4

Adressen und Kontakte Teil 2: Verknüpfungen, Formulare und Berichte

In diesem Kapitel werden Sie eine erste relationale Verknüpfung zwischen zwei Tabellen anlegen. Zur Datenerfassung produzieren Sie anschließend schnelle automatische Formulare. Für den Ausdruck der Adressen legen Sie einen ersten Bericht an und lernen die Elemente des Berichtsentwurfs kennen.

Kapitel 4

Die erste relationale Verknüpfung

Die Tabelle *Kunden und Kontakte* ist fast fertig, und jede Adresse kann mit allen erforderlichen Informationen gespeichert werden. Dafür sorgt eine ausführliche Feldliste mit den unterschiedlichsten Felddatentypen. Sehen Sie sich diese noch einmal an.

Datenbank und Feldstruktur der ersten Tabelle öffnen

Aktivieren Sie Ihre Datenbank mit den Adressen wieder und kontrollieren Sie die Feldstruktur, bevor Sie eine weitere Tabelle anlegen und verknüpfen.

1 Starten Sie Access 2010 über das Symbol im Startmenü oder aus der Schnellstartleiste.

2 Wählen Sie im *Datei*-Menü *Zuletzt verwendet* ...

3 ... und laden Sie die Datenbank *Adressdatenbank.accdb* aus der Liste der zuletzt verwendeten Dokumente.

Die erste relationale Verknüpfung

4 Die Tabelle können Sie über das Kontextmenü der rechten Maustaste gleich im Entwurfsmodus öffnen.

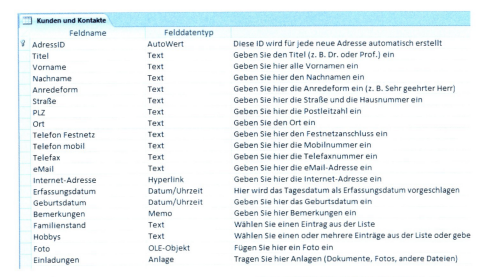

Hier die Feldliste der Tabelle *Kunden und Kontakte* mit den Felddatentypen.

Adressen kategorisieren

Fehlt eigentlich nur noch ein Feld, das die einzelnen Adressen kategorisiert, damit sie gezielt ausgewertet oder gedruckt werden können. Wenn Sie zwischen privaten Adressen und Kundenadressen oder Mitarbeitern unterscheiden wollen, legen Sie ein zusätzliches Feld an.

Sie könnten dieses Feld, wie in *Kapitel 2* gezeigt, mit dem Nachschlage-Assistenten erzeugen und eine Werteliste anlegen. Ändert sich diese Liste aber häufiger, ist es besser, eine Verknüpfung auf eine Tabelle anzulegen, in der diese Werte gespeichert sind. Damit lässt sich die Werteliste jederzeit erweitern, und Änderungen in der Basistabelle wirken sich automatisch auf die verknüpften Datensätze aus.

Kapitel 4

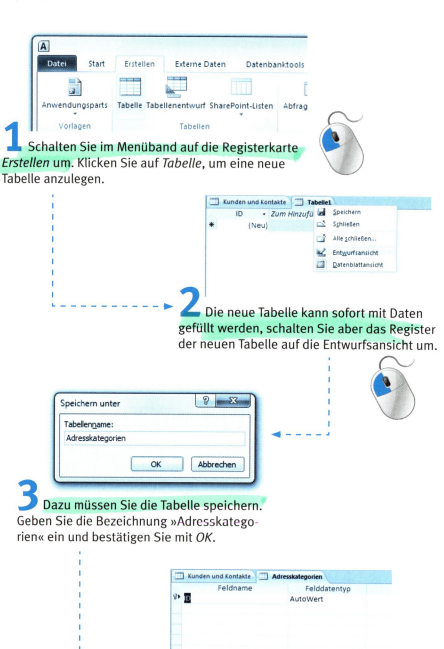

1 Schalten Sie im Menüband auf die Registerkarte *Erstellen* um. Klicken Sie auf *Tabelle*, um eine neue Tabelle anzulegen.

2 Die neue Tabelle kann sofort mit Daten gefüllt werden, schalten Sie aber das Register der neuen Tabelle auf die Entwurfsansicht um.

3 Dazu müssen Sie die Tabelle speichern. Geben Sie die Bezeichnung »Adresskategorien« ein und bestätigen Sie mit *OK*.

4 Anschließend präsentiert sich der Tabellenentwurf mit dem ersten Feld, dem ID-Feld vom Typ *AutoWert* mit Primärschlüssel.

Die erste relationale Verknüpfung

> **Hinweis**
> Mit dem Primärschlüssel wird das Feld gekennzeichnet, das den Datensatz eindeutig kennzeichnet, und das ist fast immer ein ID-Feld am Anfang der Struktur (ID = Identity). Durch die Zuweisung wird die Feldeigenschaft *Indiziert* auf *Ja (Ohne Duplikate)* gesetzt.

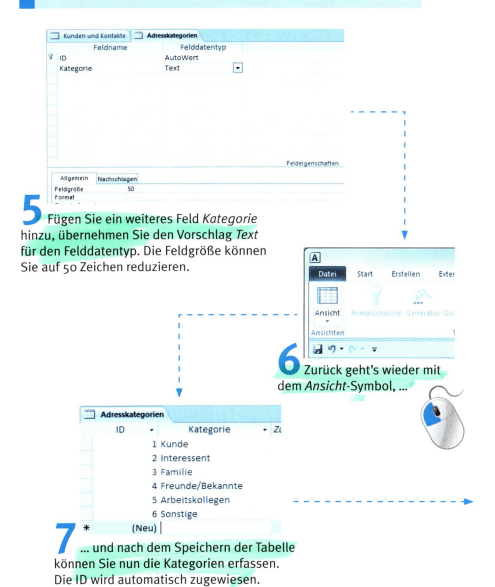

5 Fügen Sie ein weiteres Feld *Kategorie* hinzu, übernehmen Sie den Vorschlag *Text* für den Felddatentyp. Die Feldgröße können Sie auf 50 Zeichen reduzieren.

6 Zurück geht's wieder mit dem *Ansicht*-Symbol, …

7 … und nach dem Speichern der Tabelle können Sie nun die Kategorien erfassen. Die ID wird automatisch zugewiesen.

127

Kapitel 4

8 Speichern und schließen Sie die Tabelle. **Klicken** Sie auf das Schließen-Kästchen rechts außen oder nutzen Sie das Kontextmenü des Tabellenreiters (rechte Maustaste).

Kategorie-Feld mit der Adressentabelle verknüpfen

Die neue Tabelle wird jetzt relational mit der ersten Tabelle verknüpft. Öffnen Sie dazu die Tabelle *Kunden und Kontakte* aus dem Navigationsbereich.

1 Klicken Sie die Tabelle mit der rechten Maustaste an und wählen Sie im Kontextmenü den Eintrag *Entwurfsansicht*.

Die erste relationale Verknüpfung

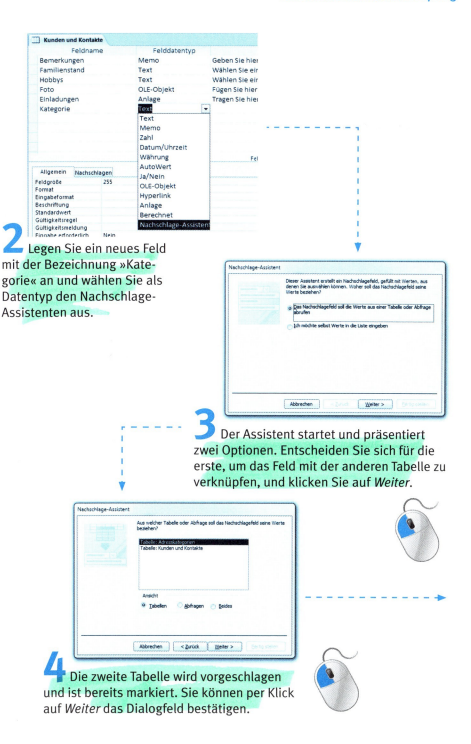

2 Legen Sie ein neues Feld mit der Bezeichnung »Kategorie« an und wählen Sie als Datentyp den Nachschlage-Assistenten aus.

3 Der Assistent startet und präsentiert zwei Optionen. Entscheiden Sie sich für die erste, um das Feld mit der anderen Tabelle zu verknüpfen, und klicken Sie auf *Weiter*.

4 Die zweite Tabelle wird vorgeschlagen und ist bereits markiert. Sie können per Klick auf *Weiter* das Dialogfeld bestätigen.

Kapitel 4

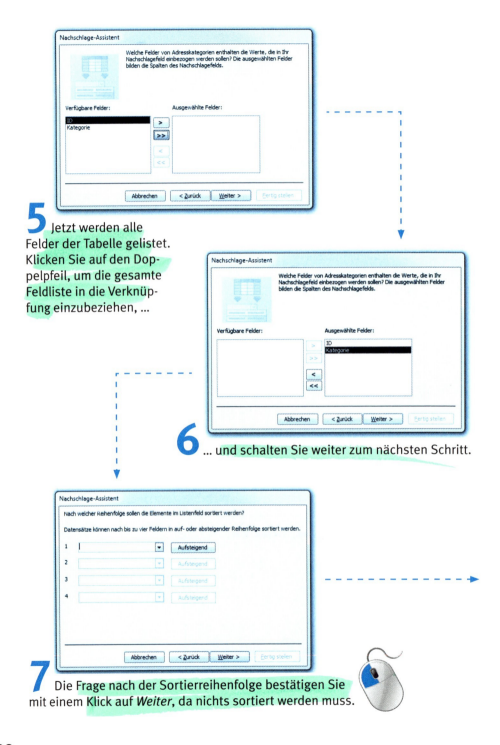

5 Jetzt werden alle Felder der Tabelle gelistet. Klicken Sie auf den Doppelpfeil, um die gesamte Feldliste in die Verknüpfung einzubeziehen, ...

6 ... und schalten Sie weiter zum nächsten Schritt.

7 Die Frage nach der Sortierreihenfolge bestätigen Sie mit einem Klick auf *Weiter*, da nichts sortiert werden muss.

Die erste relationale Verknüpfung

☑ Schlüsselspalte ausblenden (empfohlen)

Kategorie
Kunde
Interessent
Familie
Freunde/Bekannte
Arbeitskollegen
Sonstige

> **Hinweis**
>
> Die Schlüsselspalte ist die Spalte mit dem Primärschlüssel, sie wird zwar für die Verknüpfung benötigt, kann aber zur Anzeige in Tabellen und Formularen ausgeblendet sein.

8 Bestätigen Sie die Anzeige, um die beiden Spalten zu übernehmen. Die Spaltenbreite der zweiten Spalte können Sie durch Ziehen der Randleiste so weit anpassen, dass alle Einträge im Feld sichtbar sind.

9 Der vorgeschlagene Name passt. Klicken Sie auf *Fertig stellen*, um den Felddatentyp festzulegen.

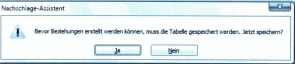

10 Der Entwurf muss jetzt zwischengespeichert werden, damit die relationale Verknüpfung in der Datenbank angelegt werden kann. Klicken Sie auf *Ja*.

Kapitel 4

11 Diese Meldung – falls diese bei Ihnen angezeigt wird – können Sie ebenfalls bestätigen, es werden keine Daten gelöscht.

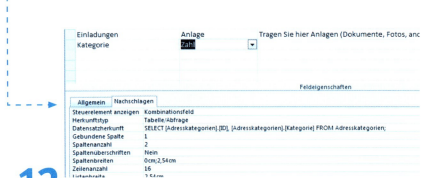

12 Damit ist das Feld angelegt. Im *Feldeigenschaften*-Fenster können Sie auf *Nachschlagen* umschalten und die Datensatzherkunft überprüfen.

Hinweis

Der Nachschlage-Assistent trägt hier einen SQL-Befehl als Datensatzherkunft ein. SQL (Structured Query Language) ist eine Skriptsprache für relationale Datenbanken.

Hinweis

Achten Sie auf diese Feldeigenschaften:

Gebundene Spalte: Das ID-Feld ist verknüpft, nicht das Textfeld.

Spaltenanzahl: Hier sind zwei Spalten aufgeführt.

Spaltenbreiten: Die erste Spalte ist ausgeblendet (Spaltenbreite 0, die zweite ist hier rund 3 cm breit).

Die erste relationale Verknüpfung

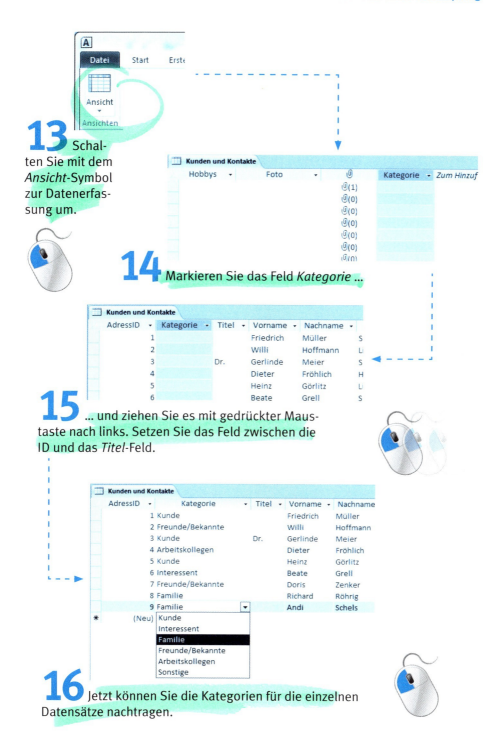

13 Schalten Sie mit dem *Ansicht*-Symbol zur Datenerfassung um.

14 Markieren Sie das Feld *Kategorie* ...

15 ... und ziehen Sie es mit gedrückter Maustaste nach links. Setzen Sie das Feld zwischen die ID und das *Titel*-Feld.

16 Jetzt können Sie die Kategorien für die einzelnen Datensätze nachtragen.

Kapitel 4

Das *Kategorie*-Feld bietet jetzt die Einträge aus der zweiten Tabelle an. Änderungen in dieser, zum Beispiel neue Kategorien oder geänderte Texteinträge, werden automatisch in dieser Liste wiedergegeben. Sie können aber keine neuen Kategorien in die Liste schreiben, dazu müssen Sie die verknüpfte Tabelle öffnen.

Relationale Beziehungen überprüfen

Auf den ersten Blick ist die relationale Verknüpfung zwischen den Tabellen nicht sichtbar. Sie wird nur aktiv, wenn das Feld der Zieltabelle mit Daten aus der Quelltabelle gefüllt wird. Die SQL-Anweisung hatten Sie schon in den Feldeigenschaften gesehen. Spüren Sie jetzt die Verknüpfung in der Datenbank auf.

Das Beziehungen-Fenster

Sehen Sie sich die Verknüpfungen in Ihrer Datenbank im *Beziehungen-Fenster* an. Sie finden es in den Datenbanktools.

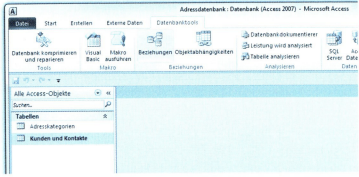

1 Schließen Sie beide Tabellen und schalten Sie um auf die Registerkarte *Datenbanktools*. Ein Klick auf das Symbol *Beziehungen* aktiviert das Fenster, in dem die relationalen Beziehungen in der Datenbank angezeigt werden.

Relationale Beziehungen überprüfen

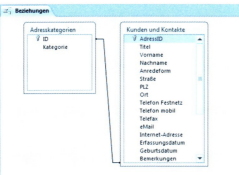

2 Ziehen Sie den unteren Rand der größeren Feldliste nach unten, um alle Felder anzuzeigen.

3 Jetzt sehen Sie die Verbindungslinie zwischen den beiden Feldern. Das *Kategorie*-Feld der ersten Tabelle ist mit dem *ID*-Feld der zweiten verbunden. Klicken Sie die Linie doppelt an.

4 Damit wird auch die Beziehungsart zwischen den Feldern sichtbar, eine 1:n-Verbindung: Eine eindeutige Adresskategorie kann mit mehreren (n) Adressen verbunden werden.

Kapitel 4

5 Mit dem Symbol *Alle Beziehungen* in der Gruppe *Beziehungen* auf der Registerkarte *Entwurf* aktualisieren Sie die Ansicht und binden alle Tabellenentwürfe ein, die Beziehungen aufweisen. Klicken Sie auf *Schließen*, um das *Beziehungen*-Fenster wieder zu schließen.

6 Diese Meldung müssen Sie noch mit *Ja* bestätigen, wenn Sie die Größe oder Position eines Fensters im Beziehungslayout verändert haben.

Schnelle automatische Formulare

Mit zunehmender Felderzahl wird es natürlich immer schwieriger, mit der Tabelle zu arbeiten. Verwenden Sie zur schnellen und einfachen Datenerfassung Formulare, die Eingabeelemente für alle Tabellenfelder bereitstellen. Der schnellste Weg zum ersten Formular führt über das AutoFormular.

Zwei Formulare für die Adressen

Das erste Formular ist ein AutoFormular, es wird, wie der Name sagt, automatisch die Tabelle verwenden, die Sie im Navigationsbereich markiert haben.

Schnelle automatische Formulare

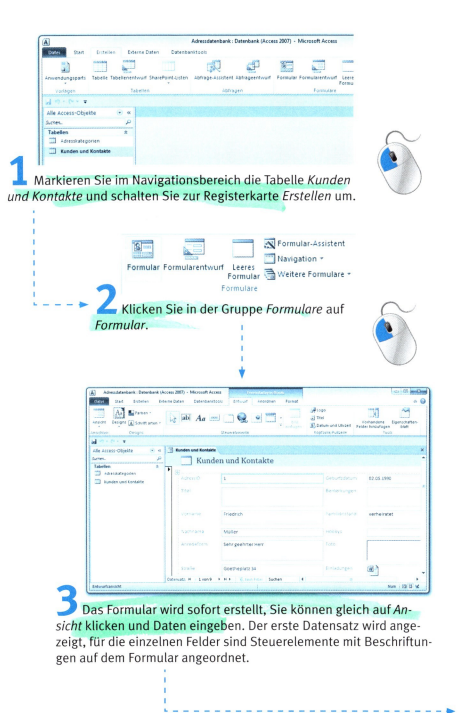

1 Markieren Sie im Navigationsbereich die Tabelle *Kunden und Kontakte* und schalten Sie zur Registerkarte *Erstellen* um.

2 Klicken Sie in der Gruppe *Formulare* auf *Formular*.

3 Das Formular wird sofort erstellt, Sie können gleich auf *Ansicht* klicken und Daten eingeben. Der erste Datensatz wird angezeigt, für die einzelnen Felder sind Steuerelemente mit Beschriftungen auf dem Formular angeordnet.

Kapitel 4

Drücken Sie die Pfeiltasten, um zwischen den Feldern zu wechseln.

Blättern Sie mit dem Navigator am unteren Rand des Formulars durch die Datensätze oder drücken Sie die Bild-Tasten:

[Bild ↑] nächster Datensatz

[Bild ↓] vorheriger Datensatz

Sie können auch das Rad zwischen den Maustasten benutzen, falls Ihre Maus mit einem solchen ausgestattet ist, und damit durch die Datensätze blättern.

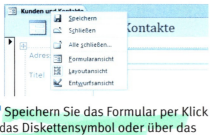

4 Speichern Sie das Formular per Klick auf das Diskettensymbol oder über das Kontextmenü des Tabellenreiters.

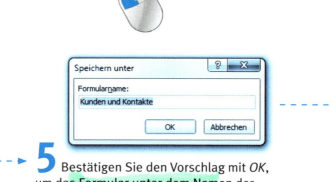

5 Bestätigen Sie den Vorschlag mit *OK*, um das Formular unter dem Namen der Tabelle abzuspeichern.

Schnelle automatische Formulare

6 Erstellen Sie ein weiteres Formular, das zwei Ansichten enthält. Klicken Sie dazu auf der Registerkarte *Erstellen* in der Gruppe *Formulare* auf *Geteiltes Formular*.

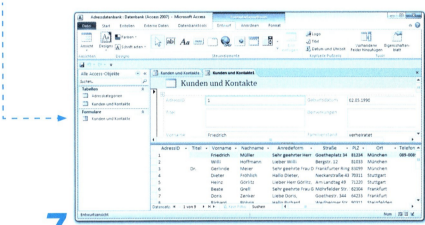

7 In diesem Formulartyp sehen Sie die Daten sowohl in Karteikartenform als auch im Datenblatt.

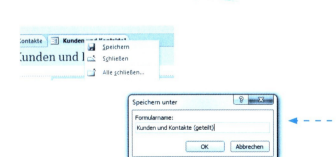

8 Speichern Sie das zweite Formular unter dem Namen »Kunden und Kontakte (geteilt)«.

Kapitel 4

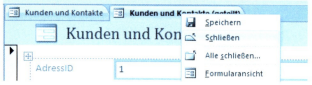
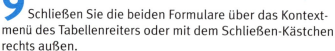

9 Schließen Sie die beiden Formulare über das Kontextmenü des Tabellenreiters oder mit dem Schließen-Kästchen rechts außen.

Ein Formular mit Unterformular

Wenn Sie für die zweite Tabelle *Adresskategorien* ein AutoFormular erstellen, wird dieses automatisch die Adressen der jeweiligen Kategorien in einem Unterformular auflisten.

> **Hinweis**
>
> Tragen Sie vorher im Formular *Kunden und Kontakte* Kategorien zu allen Adressen ein.

1 Markieren Sie die Tabelle *Adresskategorien* im Navigationsbereich und klicken Sie auf der Registerkarte *Erstellen* in der Gruppe *Formulare* auf *Formular*.

Schnelle automatische Formulare

2 Klicken Sie auf der Registerkarte *Format* in der Gruppe *Entwurf* auf das Symbol *Ansicht*, um die Formularansicht aufzurufen.

3 Das Hauptformular listet die Kategorien auf. Zu jeder Kategorie wird die Liste der Adressen angezeigt. Jedes Formular hat seinen eigenen Datensatznavigator.

> **Hinweis**
>
> Sie können mit diesem Formular sowohl Adressen als auch Kategorien erfassen.

4 Schließen Sie auch dieses Formular wieder über das Kontextmenü des Tabellenreiters und bestätigen Sie die daraufhin angezeigten Dialogfelder zum Speichern und zum Tabellennamen mit *Ja* und *OK*.

Kapitel 4

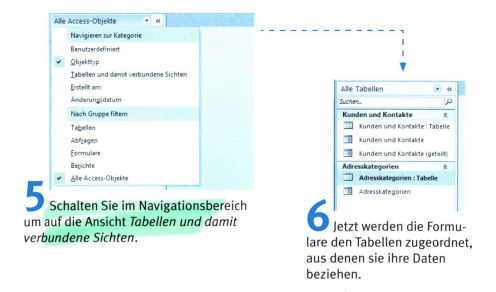

5 Schalten Sie im Navigationsbereich um auf die Ansicht *Tabellen und damit verbundene Sichten*.

6 Jetzt werden die Formulare den Tabellen zugeordnet, aus denen sie ihre Daten beziehen.

Ein automatischer Bericht für die Adressliste

Ähnlich wie das AutoFormular entsteht auch der AutoBericht aus der im Tabellenmodul markierten Tabelle. Der Bericht enthält im Unterschied zum Formular keine Eingabefelder, sondern wird als Druckvorschau der Daten angezeigt.

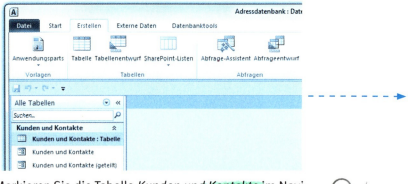

1 Markieren Sie die Tabelle *Kunden und Kontakte* im Navigationsbereich und aktivieren Sie die Registerkarte *Erstellen*.

Ein automatischer Bericht für die Adressliste

2 Klicken Sie in der Gruppe *Berichte* auf das Symbol *Bericht*.

3 Der Bericht wird erstellt und in der Entwurfsansicht angeboten. Schalten Sie um auf die Berichtsansicht.

Kapitel 4

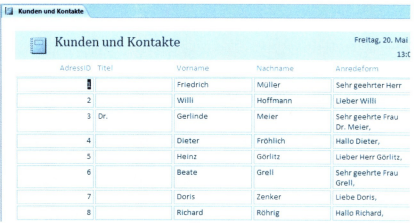

4 So wird der Bericht ausgedruckt. Die einzelnen Datensätze sind tabellarisch gelistet.

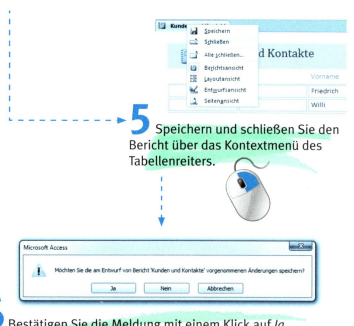

5 Speichern und schließen Sie den Bericht über das Kontextmenü des Tabellenreiters.

6 Bestätigen Sie die Meldung mit einem Klick auf *Ja* …

Ein automatischer Bericht für die Adressliste

7 ... und übernehmen Sie auch für den Bericht die Bezeichnung der Tabelle.

8 Der Bericht steht damit im Navigationsbereich zur Auswahl. Er ist wie die Formulare der Tabelle untergeordnet, aus der er seine Daten bezieht.

9 Öffnen Sie den Bericht in der Seitenansicht ....

Kapitel 4

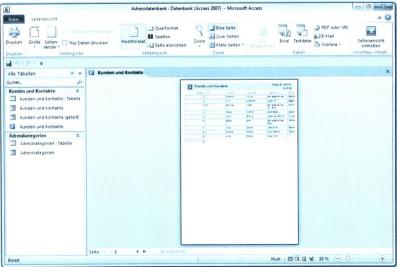

10 ... und klicken Sie in den Bericht, um diesen in der Ganzseitenansicht anzuzeigen. Ein weiterer Klick »zoomt« den Bericht wieder größer.

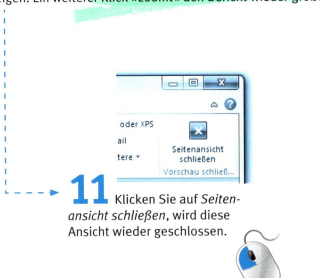

11 Klicken Sie auf *Seitenansicht schließen*, wird diese Ansicht wieder geschlossen.

Kleine Erfolgskontrolle

Hier zum Kapitelabschluss wieder eine kleine Übung, die Ihr Wissen auffrischen soll. Nehmen Sie sich die Zeit, die Fragen zu beantworten, Nachschlagen und Zurückblättern im Buch sind natürlich erlaubt.

	Frage	Richtig	Falsch
1	Die Tabellenstruktur regelt die Anzahl und Eigenschaften der einzelnen Felder einer Tabelle.		
2	Primärschlüsselfelder dürfen nur eindeutige Inhalte enthalten.		
3	Der Nachschlage-Assistent wird über den Navigationsbereich aktiviert.		
4	Eine relationale Verknüpfung kann über die SQL-Anweisung im *Feldeigenschaften*-Fenster kontrolliert werden.		
5	Das *Beziehungen*-Fenster zeigt alle relationalen Beziehungen zwischen den Tabellen an.		
6	Beziehungen sind im *Beziehungen*-Fenster an gestrichelten Linien zwischen den verknüpften Feldern zu erkennen.		
7	Formulare können mit einem einzigen Klick auf ein Symbol erstellt werden.		
8	Das Formular, das mit dem *Formular*-Symbol erstellt wird, ist nicht sofort mit der zuvor markierten Tabelle verknüpft.		
9	Ein automatischer Bericht präsentiert sich sofort im Entwurfsmodus.		
10	Automatische Formulare und Berichte werden sofort unter einem von Access zugewiesenen Namen gespeichert.		

Das können Sie schon

Tabellen entwerfen	73
Unterschiedliche Felddatentypen verwenden	89
Tabellen über relationale Beziehungen verknüpfen	124
Automatische Formulare anlegen	136
Automatische Berichte erstellen	142

Das lernen Sie neu

Verknüpfungen im Beziehungen-Fenster erstellen	154
Beziehungen mit referentieller Integrität herstellen	156
Formulare mit dem Formular-Assistenten anlegen	158
Kombinationsfelder für verknüpfte Felder zeichnen	166

Kapitel 5

Multimedia-Archiv Teil 1: Tabellen und Formulare

Sie lieben Musik? Und gute Filme? Dann werden Sie auch CDs und DVDs kaufen und nicht nur Dateien downloaden und auf dem PC oder iPod/iPhone/iPad speichern. Kino-Highlights, Blockbuster, alte Spielfilme und Fernsehserien gibt es in bester Qualität auf DVD, und auch hier wird der Kenner der Original-DVD den Vorzug vor digitalen Monsterdateien in schlechter Qualität geben. Nutzen Sie Ihr Datenbankprogramm Access, archivieren Sie damit Ihre wertvollen CDs und DVDs und legen Sie Ihr persönliches Multimedia-Archiv an.

Kapitel 5

Vier Tabellen für das Multimedia-Archiv

Ohne Tabellen geht nichts in der Datenbank, die Tabelle ist die Basis für Abfragen, Formulare und Berichte. Stellen Sie sicher, dass Ihr Datenbankmodell funktionell ist, legen Sie sich für jeden Datenbestand eine eigene Tabelle an, damit Sie Daten nicht mehrfach (redundant) speichern müssen. Hier eine Skizze zum Datenbankmodell:

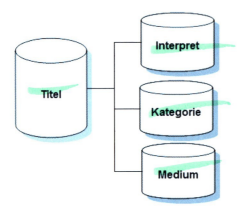

> **Was ist das?**
> Die Aufteilung der Daten in Spalten und die Verknüpfung von Feldern zur Verhinderung von Wiederholungen nennt man Normalisierung, die erste Normalform ist erfüllt, wenn alle Felder so angelegt sind, dass die Daten ohne Redundanzen zu erfassen sind.

1 Starten Sie Access 2010 aus dem Startmenü oder über das Symbol in der Schnellstartleiste.

Vier Tabellen für das Multimedia-Archiv

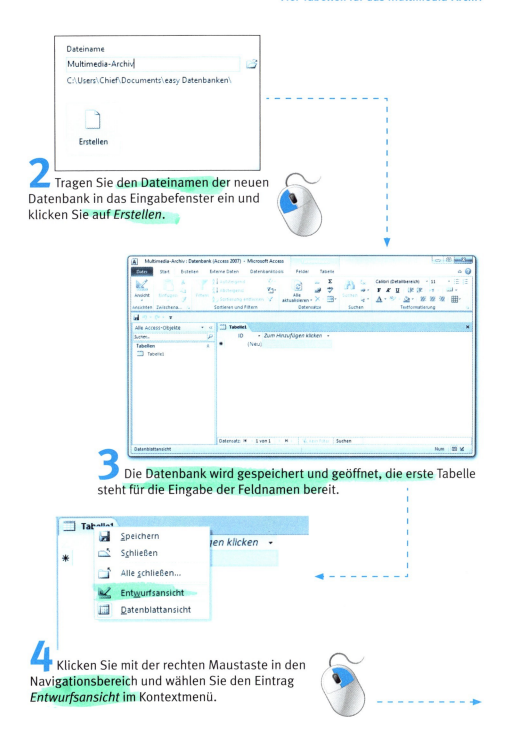

2 Tragen Sie den Dateinamen der neuen Datenbank in das Eingabefenster ein und klicken Sie auf *Erstellen*.

3 Die Datenbank wird gespeichert und geöffnet, die erste Tabelle steht für die Eingabe der Feldnamen bereit.

4 Klicken Sie mit der rechten Maustaste in den Navigationsbereich und wählen Sie den Eintrag *Entwurfsansicht* im Kontextmenü.

Kapitel 5

5 Geben Sie als Namen für die Tabelle »Album« ein und speichern Sie mit einem Klick auf *OK*.

6 Jetzt können Sie die Feldnamen für die erste Tabelle eintragen und die Felddatentypen bestimmen. Vergessen Sie die Beschriftungen nicht.

7 Speichern und schließen Sie anschließend Ihren ersten Tabellenentwurf und legen Sie über *Erstellen/Tabellenentwurf* die nächste Tabelle an.

Hier die Feldlisten der drei Tabellen, die für das Multimedia-Archiv benötigt werden. Achten Sie darauf, dass das *ID*-Feld jeweils einen Primärschlüssel zugewiesen bekommt, damit es für relationale Verknüpfungen präpariert ist.

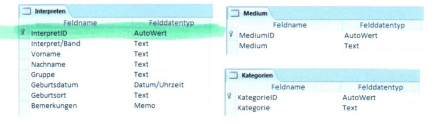

152

Vier Tabellen für das Multimedia-Archiv

Relationale Beziehungen

Damit das relationale Datenbankmodell die Daten aus unterschiedlichen Tabellen zusammenführen kann, müssen diese jetzt in Beziehungen gebracht werden. In unserem Fall braucht die *Album*-Tabelle je einen Schlüssel für den Interpreten, die Kategorie und das Medium. Legen Sie diese Felder mit dem Nachschlage-Assistenten an:

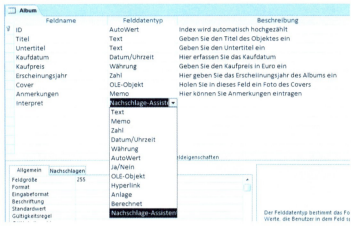

1 Öffnen Sie die Entwurfsansicht der Tabelle *Album* und legen Sie ein neues Feld *Interpret* an. Aktivieren Sie für den Felddatentyp den Nachschlage-Assistenten.

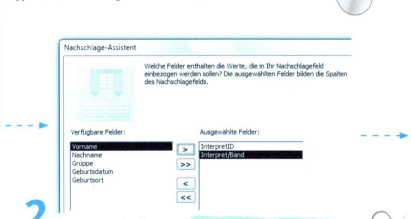

2 Bestätigen Sie die ersten Fragen des Assistenten, verwenden Sie die Tabelle *Interpreten* und wählen Sie die ersten beiden Felder für die Verknüpfung aus.

153

Kapitel 5

3 Bestätigen Sie alle weiteren Abfragen des Assistenten und erstellen Sie so ein verknüpftes Feld *Interpret*. In den Feldeigenschaften sehen Sie unter *Nachschlagen* die Datensatzherkunft des Feldes, eine SQL-Anweisung, die mit einem SELECT-Befehl die einzelnen Felder aus der verknüpften Tabelle holt.

Tabellen manuell verknüpfen

Lernen Sie eine Alternative zur bisher benutzten Verknüpfungstechnik kennen: Die manuelle Verknüpfung zwischen Tabellen wird direkt im Fenster *Beziehungen* vorgenommen.

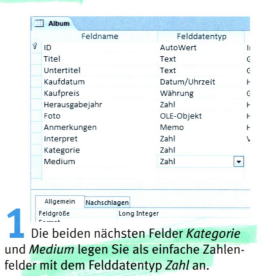

1 Die beiden nächsten Felder *Kategorie* und *Medium* legen Sie als einfache Zahlenfelder mit dem Felddatentyp *Zahl* an.

Vier Tabellen für das Multimedia-Archiv

2 Schließen Sie den Tabellenentwurf der Tabelle *Album*. Auf der Registerkarte *Datenbanktools* finden Sie ein Symbol zum **Aufruf der Beziehungen**. Sehen Sie sich diese an.

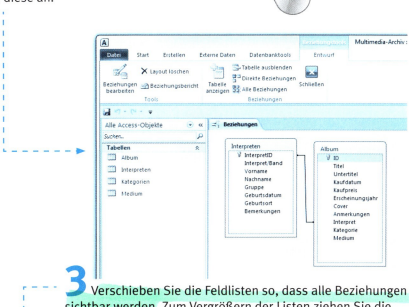

3 Verschieben Sie die Feldlisten so, dass alle Beziehungen sichtbar werden. Zum Vergrößern der Listen ziehen Sie die untere Randlinie nach unten.

4 Klicken Sie auf der kontextbezogenen Registerkarte *Beziehungstools/Entwurf* in der Gruppe *Beziehungen* auf *Tabelle anzeigen*.

Kapitel 5

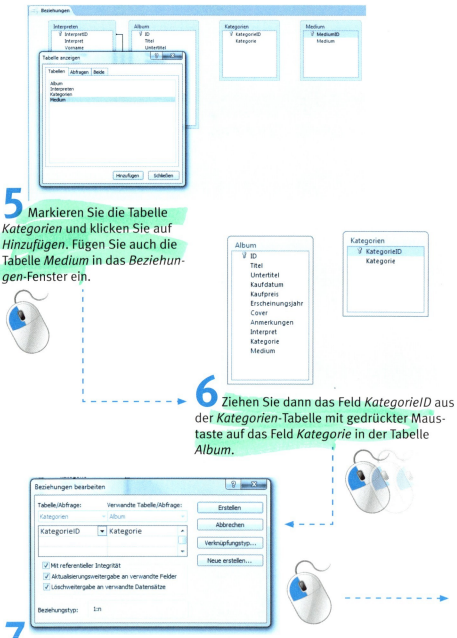

5 Markieren Sie die Tabelle *Kategorien* und klicken Sie auf *Hinzufügen*. Fügen Sie auch die Tabelle *Medium* in das *Beziehungen*-Fenster ein.

6 Ziehen Sie dann das Feld *KategorieID* aus der *Kategorien*-Tabelle mit gedrückter Maustaste auf das Feld *Kategorie* in der Tabelle *Album*.

7 Die Beziehung kann bearbeitet werden, der Beziehungstyp 1:n wird angezeigt. Aktivieren Sie die drei Kontrollkästchen *Mit referentieller Integrität*, *Aktualisierungsweitergabe ...* und *Löschweitergabe* und klicken Sie auf *Erstellen*.

Vier Tabellen für das Multimedia-Archiv

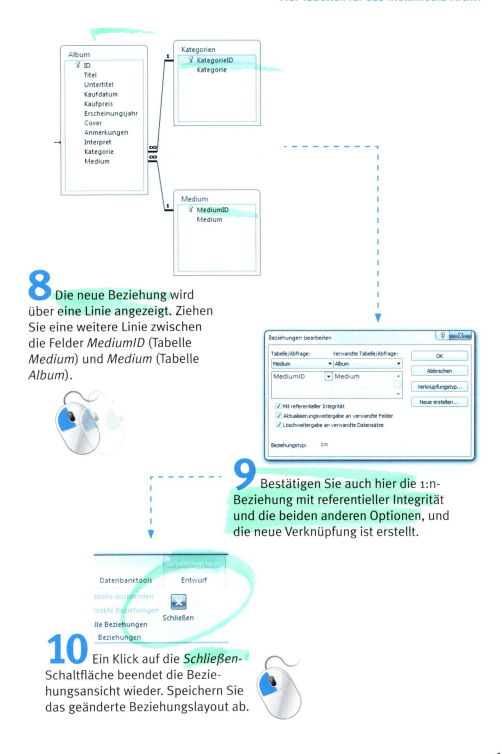

8 Die neue Beziehung wird über eine Linie angezeigt. Ziehen Sie eine weitere Linie zwischen die Felder *MediumID* (Tabelle *Medium*) und *Medium* (Tabelle *Album*).

9 Bestätigen Sie auch hier die 1:n-Beziehung mit referentieller Integrität und die beiden anderen Optionen, und die neue Verknüpfung ist erstellt.

10 Ein Klick auf die *Schließen*-Schaltfläche beendet die Beziehungsansicht wieder. Speichern Sie das geänderte Beziehungslayout ab.

157

> **Was ist das?**
>
> Mit referentieller Integrität stellen Sie sicher, dass Daten nicht versehentlich überschrieben, gelöscht oder verschoben werden, solange diese über ein Primärschlüsselfeld in einer Beziehung stehen. Mit der Option *Aktualisierungsweitergabe an verwandte Felder* können Sie Änderungen in einem Feld an alle verknüpften Felder weitergeben. *Löschweitergabe an verwandte Datensätze* löscht automatisch alle Datensätze, die mit einem gelöschten Schlüsselfeld verknüpft sind.

Formulare erstellen mit dem Formular-Assistenten

Wie Sie ein schnelles Formular zur Datenerfassung in eine Tabelle erzeugen, kennen Sie schon: Die Tabelle wird im Navigationsbereich markiert, und ein Klick auf *Formular* auf der Registerkarte *Erstellen* in der Gruppe *Formulare* produziert automatisch ein Formular mit Eingabefeldern und Datensatznavigation.

Mit dem Formular-Assistenten haben Sie die Anlage von Formularen besser im Griff. Sie können bestimmen, welche Felder verwendet werden, und haben schöne bunte Layoutvorlagen zur Auswahl.

Formulare für Kategorien und Medien

Legen Sie für die beiden neuen Tabellen je ein Formular an, damit Sie die Daten einfacher erfassen können.

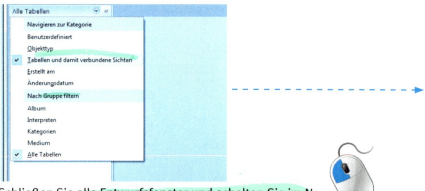

1 Schließen Sie alle Entwurfsfenster und schalten Sie im Navigationsbereich auf *Tabellen und damit verbundene Sichten*.

Formulare erstellen mit dem Formular-Assistenten

2 Auf der Registerkarte *Erstellen* finden Sie die Gruppe *Formulare*. Klicken Sie auf *Formular-Assistent*.

3 Im ersten Schritt legen Sie die Tabelle fest, aus der die Daten für das Formular stammen, hier *Kategorien*. Klicken Sie auf das Symbol mit dem Doppelpfeil, um alle Felder zu übernehmen.

4 Gehen Sie mit einem Klick auf *Weiter* zum nächsten Schritt über.

Kapitel 5

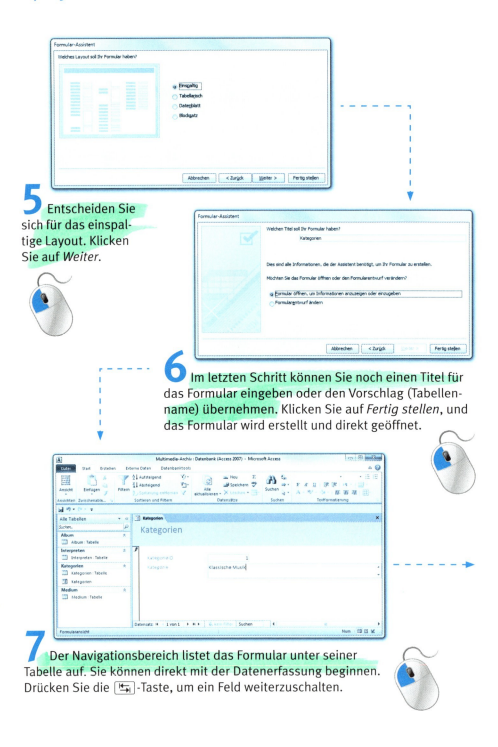

5 Entscheiden Sie sich für das einspaltige Layout. Klicken Sie auf *Weiter*.

6 Im letzten Schritt können Sie noch einen Titel für das Formular eingeben oder den Vorschlag (Tabellenname) übernehmen. Klicken Sie auf *Fertig stellen*, und das Formular wird erstellt und direkt geöffnet.

7 Der Navigationsbereich listet das Formular unter seiner Tabelle auf. Sie können direkt mit der Datenerfassung beginnen. Drücken Sie die ⇆-Taste, um ein Feld weiterzuschalten.

Formulare erstellen mit dem Formular-Assistenten

8 Hier einige Datensätze für diese Tabelle. Geben Sie sie in das Feld *Kategorie* ein. Das *ID*-Feld wird automatisch hochgezählt:

```
Klassische Musik
Pop & Rock
Electro
Dance/House
Heavy Metal
Folk/Country
Cajun/Zydeco
Hard Rock
HipHop
Jazz
Blues
Reggae
```

9 Erstellen Sie ein weiteres Formular für die Tabelle *Medium*.

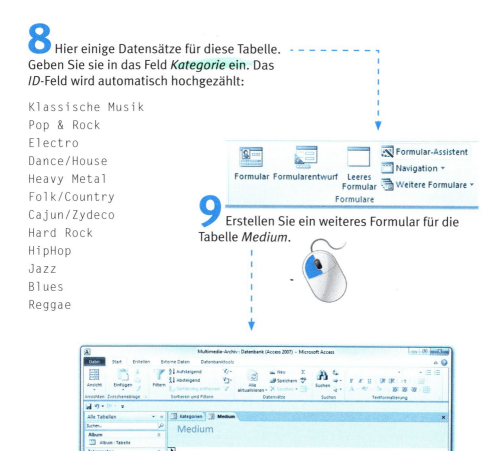

10 Auch dieses Formular wird im Navigationsbereich seiner Tabelle untergeordnet, und Sie können gleich Daten erfassen. Geben Sie die Medien ein, die Sie in Ihrem Multimedia-Archiv registrieren wollen:

```
Blu-Ray
DVD
CD (Video)
CD (Audio)
Hörbuch
```

161

Kapitel 5

Ein Verbundformular für Titel mit Interpretenauswahl

In der Praxis werden Sie bei der Erfassung eines neuen Titels (DVD, CD, Hörbuch) auch gleich den Interpreten speichern wollen. Erstellen Sie zunächst ein Einzelformular für die Erfassung und Pflege der Interpreten und anschließend ein Verbundformular für die Tabelle *Album*. Es wird automatisch die Daten aus den verknüpften Tabellen anbieten.

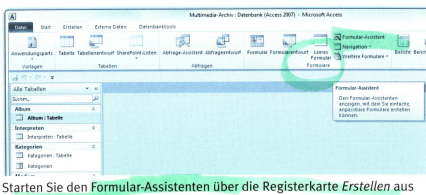

1 Starten Sie den Formular-Assistenten über die Registerkarte *Erstellen* aus der Gruppe *Formulare*.

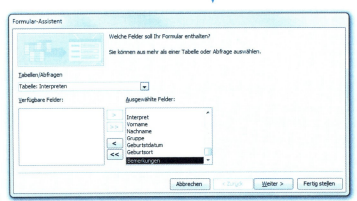

2 Holen Sie alle Felder aus der Tabelle *Interpreten* in die Feldauswahl. Klicken Sie dazu auf das Doppelpfeilsymbol.

Formulare erstellen mit dem Formular-Assistenten

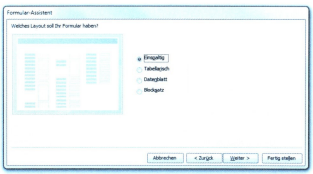

3 Wählen Sie das einspaltige Layout und schließen Sie mit Klick auf *Fertig stellen* ab.

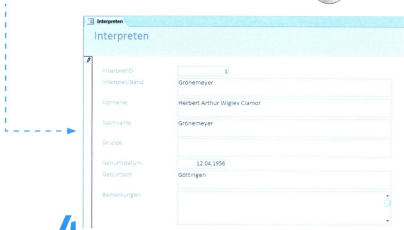

4 Das Formular ist erstellt, Sie können gleich Ihre ersten Interpreten erfassen. Tragen Sie Ihre Lieblingsbands und -interpreten ein.

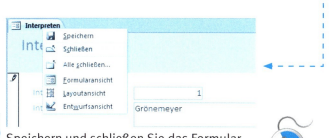

5 Speichern und schließen Sie das Formular wieder und erstellen Sie ein weiteres Formular.

Kapitel 5

6 Starten Sie den **Formular-Assistenten** wieder und holen Sie alle Felder der Tabelle *Album* in den Formularentwurf.

7 Weisen Sie wieder das einspaltige Layout zu und speichern Sie das **Formular** unter dem vorgeschlagenen Titel.

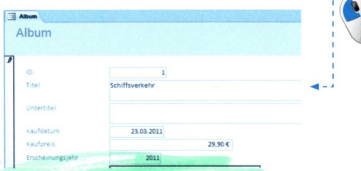

8 Jetzt können Sie Ihren ersten Titel erfassen. Geben Sie die Daten in die Formularfelder ein. Drücken Sie ⇥, um zum nächsten Feld zu springen.

Formulare erstellen mit dem Formular-Assistenten

9 Das verknüpfte *Interpret*-Feld stellt seine Daten in einem Dropdown-**Element** zur Verfügung. Klicken Sie auf den Pfeil und wählen Sie den passenden Eintrag aus.

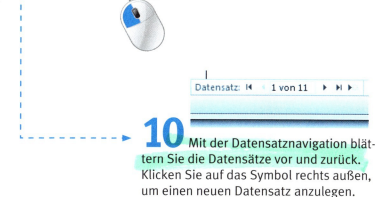

10 Mit der Datensatznavigation blättern Sie die Datensätze vor und zurück. Klicken Sie auf das Symbol rechts außen, um einen neuen Datensatz anzulegen.

> **Hinweis**
>
> Fotos übernehmen Sie einfach über die Zwischenablage in das Objektfeld. Kopieren Sie das Foto, markieren Sie das *Foto*-Feld mit der rechten Maustaste und wählen Sie im Kontextmenü den Eintrag *Einfügen*.

165

Kapitel 5

Dropdown-Elemente für verknüpfte Felder

Die beiden Felder *Kategorie* und *Medium* sind zwar mit dem Titelformular verknüpft, stellen aber bei der Anlage eines Formulars mit dem Assistenten nicht automatisch ihre Daten zur Verfügung, weil die Verknüpfung manuell im *Beziehungen*-Fenster vorgenommen wurde. Mit dem Werkzeugkasten aus dem Formularentwurf holen Sie schnell und unkompliziert Dropdown-Elemente für die beiden Tabellen in das Formular.

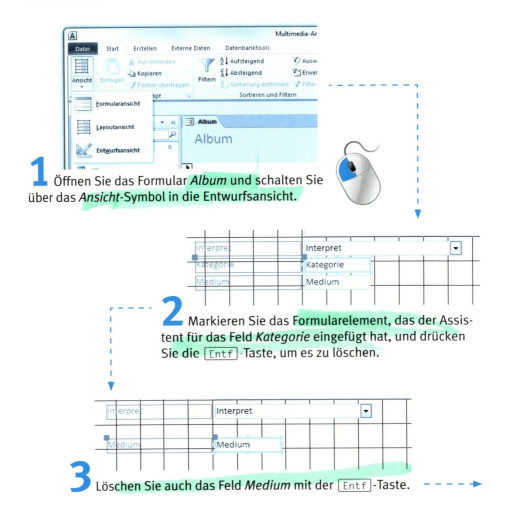

1 Öffnen Sie das Formular *Album* und schalten Sie über das *Ansicht*-Symbol in die Entwurfsansicht.

2 Markieren Sie das Formularelement, das der Assistent für das Feld *Kategorie* eingefügt hat, und drücken Sie die `Entf`-Taste, um es zu löschen.

3 Löschen Sie auch das Feld *Medium* mit der `Entf`-Taste.

Formulare erstellen mit dem Formular-Assistenten

4 Auf der kontextabhängigen Registerkarte *Formularentwurfstools* finden Sie auf der Registerkarte *Entwurf* ein Werkzeug für Kombinationsfelder. Klicken Sie es an …

5 … und zeichnen Sie ein Rechteck in der Größe des gewünschten Feldes in das Formular.

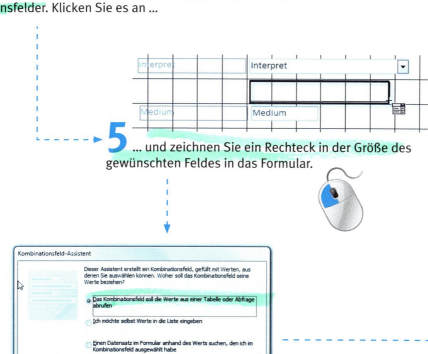

6 Ein Assistent meldet sich. Bestätigen Sie die erste vorgeschlagene Option.

Kapitel 5

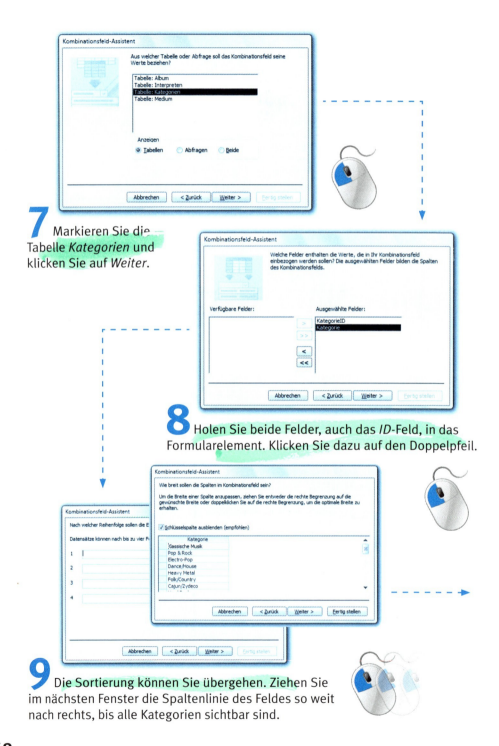

7 Markieren Sie die Tabelle *Kategorien* und klicken Sie auf *Weiter*.

8 Holen Sie beide Felder, auch das *ID*-Feld, in das Formularelement. Klicken Sie dazu auf den Doppelpfeil.

9 Die Sortierung können Sie übergehen. Ziehen Sie im nächsten Fenster die Spaltenlinie des Feldes so weit nach rechts, bis alle Kategorien sichtbar sind.

Formulare erstellen mit dem Formular-Assistenten

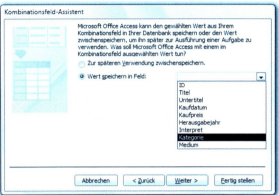

10 Geben Sie hier an, in welchem Feld der Tabelle *Album* die Auswahl gespeichert werden soll. Markieren Sie *Kategorie* und klicken Sie auf *Weiter*.

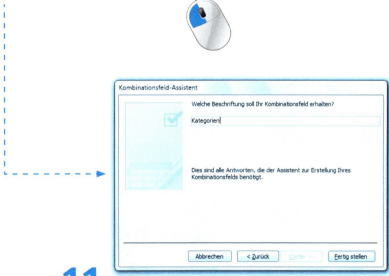

11 Fehlt nur noch die Beschriftung des Feldes, geben Sie »Kategorien« ein und klicken Sie auf *Fertig stellen*.

Kapitel 5

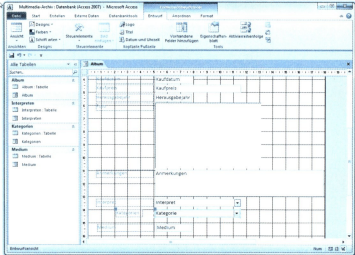

12 Das neue Formularelement ist erstellt, schalten Sie zurück zur Formularansicht.

> **Hinweis**
>
> Vergrößert und verkleinert wird das Element durch Ziehen der Rahmenpunkte. Zum Verschieben der beiden Elemente (Beschriftung und Feld) ziehen Sie jeweils den dicken Punkt links oben in der Ecke mit gedrückter Maustaste.

13 Jetzt können Sie die Kategorien für die einzelnen Datensätze Ihrer Titelübersicht auswählen.

Formulare erstellen mit dem Formular-Assistenten

14 Üben Sie die Formulargestaltung mit Kombinationsfeldern gleich an einem weiteren Feld, fügen Sie ein Dropdown-Element für das Feld *Medium* ein.

Position und Aktivierreihenfolge der Elemente ändern

Überprüfen Sie die Reihenfolge der Formularelemente im Formular und ordnen Sie die Kombinationsfelder neu an. Achten Sie auch darauf, dass die Aktivierreihenfolge stimmt, die Reihenfolge, in der die Felder beim Ausfüllen des Formulars angesteuert werden.

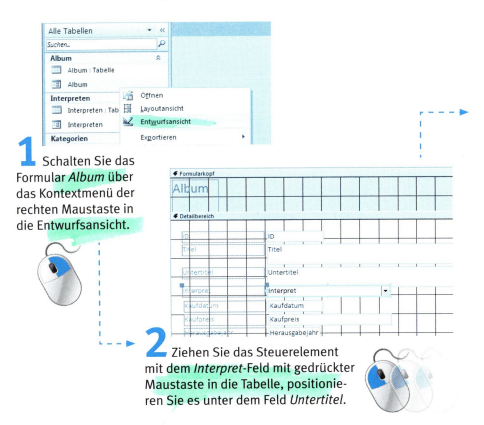

1 Schalten Sie das Formular *Album* über das Kontextmenü der rechten Maustaste in die Entwurfsansicht.

2 Ziehen Sie das Steuerelement mit dem *Interpret*-Feld mit gedrückter Maustaste in die Tabelle, positionieren Sie es unter dem Feld *Untertitel*.

171

Kapitel 5

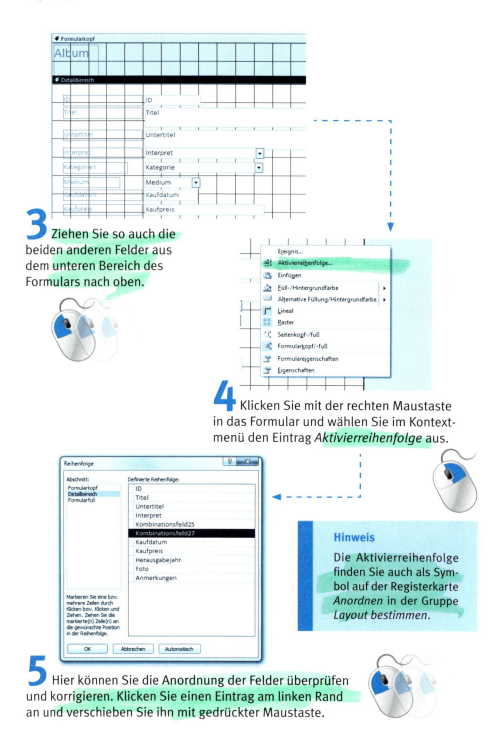

3 Ziehen Sie so auch die beiden anderen Felder aus dem unteren Bereich des Formulars nach oben.

4 Klicken Sie mit der rechten Maustaste in das Formular und wählen Sie im Kontextmenü den Eintrag *Aktivierreihenfolge* aus.

Hinweis

Die Aktivierreihenfolge finden Sie auch als Symbol auf der Registerkarte *Anordnen* in der Gruppe *Layout bestimmen*.

5 Hier können Sie die Anordnung der Felder überprüfen und korrigieren. Klicken Sie einen Eintrag am linken Rand an und verschieben Sie ihn mit gedrückter Maustaste.

Kleine Erfolgskontrolle

Mit diesem Kapitel kennen Sie schon die wichtigsten Elemente einer Datenbank und sind damit gut gerüstet für größere Aufgaben. Testen Sie sich aber vorher, damit Sie auch sichergehen können, dass Sie alle »Basics« verstanden haben. Es ist übrigens immer nur eine Antwort richtig.

Eine neue Datenbank enthält automatisch eine erste Tabelle, weitere Tabellen werden über die Registerkarte _____ (1) angelegt. Das erste Feld einer Tabelle sollte immer vom Typ _____ (2) sein. Für Verknüpfungen zwischen Tabellen wird als Felddatentyp der _____ (3) gewählt, er produziert eine _____ (4) -Anweisung für die relationale Beziehung. Voraussetzung ist, dass das verknüpfte *ID*-Feld einen _____ (5) besitzt. Für eine manuelle Verknüpfung muss ein Feld vom Datentyp *Zahl* in der Größe _____ (6) erstellt werden. Auf der Registerkarte _____ (7) wird das Symbol *Beziehungen* angeklickt, und die Verknüpfung entsteht durch Ziehen einer _____ (8) mit gedrückter Maustaste zwischen zwei Feldnamen. Die Verknüpfungseigenschaften werden nach einem _____ (9) auf die Linie sichtbar. Für sichere Verknüpfungen sorgt die _____ (10). Daten können dann nicht gelöscht oder verändert werden, wenn das nicht im Sinne der Beziehung ist. Der Formular-Assistent wird auf der Registerkarte _____ (11) in der Gruppe *Formulare* aktiviert. Für verknüpfte Felder werden automatisch _____ (12) in das Formular eingefügt, diese »Dropdowns« können auch in der _____ (13) manuell eingezogen werden. Das passende Werkzeug findet sich in den Formularentwurfstools unter *Entwurf/*_____ (14). Für die Ansteuerung der Elemente in der richtigen Reihenfolge sorgt die _____ (15).

Das können Sie schon

Tabellen entwerfen, Datentypen zuweisen	77
Tabellen relational verknüpfen	124
Relationale Beziehungen bearbeiten	134
Formulare mit dem Assistenten anlegen	158
Formulare und Formularelemente bearbeiten	171

Das lernen Sie neu

Abfragen erstellen mit dem Assistenten	184
Abfragen im Abfrageentwurf erstellen	193
Berichte mit dem Assistenten erstellen	202
Berichtsentwurf und Berichtselemente bearbeiten	203

Kapitel 6

Multimedia-Archiv Teil 2: Abfragen und Berichte

Tabellen stellen die Basisdaten einer Datenbank zur Verfügung, Formulare werden für die Erfassung und Pflege der Daten angelegt. Für die Auswertung einer Datenbank brauchen Sie Abfragen und Berichte, sie machen die Datenbank erst richtig komfortabel. Lernen Sie in diesem Kapitel, wie Sie mit gezielten Abfragen Formulare und Berichte steuern und Ihre Multimedia-Archivdaten ordentlich verwalten.

Kapitel 6

Das Multimedia-Archiv

In *Kapitel 5* hatten Sie ein Multimedia-Archiv angelegt, das vier Tabellen miteinander verknüpft. Starten Sie Access und aktivieren Sie die Datenbank aus der Liste der zuletzt verwendeten Dokumente.

1 Starten Sie das Datenbankprogramm aus dem Startmenü oder über das Symbol in der Schnellstartleiste.

2 Klicken Sie auf *Zuletzt verwendet* und aktivieren Sie die Datenbank aus der Liste der zuletzt verwendeten Datenbanken.

Das Multimedia-Archiv

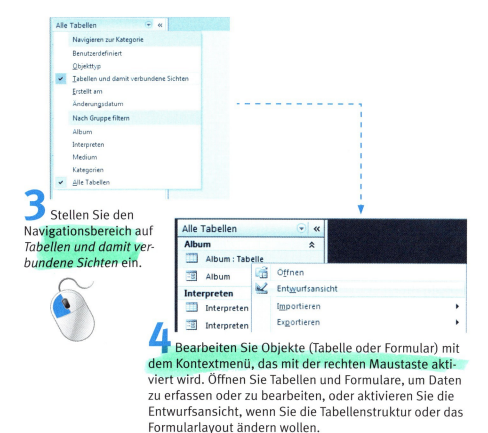

3 Stellen Sie den Navigationsbereich auf *Tabellen und damit verbundene Sichten* ein.

4 Bearbeiten Sie Objekte (Tabelle oder Formular) mit dem Kontextmenü, das mit der rechten Maustaste aktiviert wird. Öffnen Sie Tabellen und Formulare, um Daten zu erfassen oder zu bearbeiten, oder aktivieren Sie die Entwurfsansicht, wenn Sie die Tabellenstruktur oder das Formularlayout ändern wollen.

Hier die Tabellenstrukturen der einzelnen Tabellen:

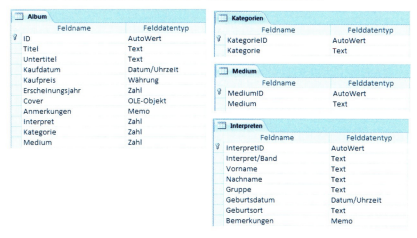

177

Die Beziehungen zwischen den Tabellen sind im *Beziehungen*-Fenster zu sehen. Aktivieren Sie die Registerkarte *Datenbanktools* und klicken Sie auf *Beziehungen*.

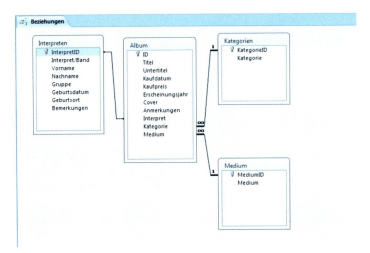

Um die Abfragetechnik testen zu können, sollten Sie bereits Datensätze in allen Tabellen erfasst haben, zum Beispiel *Kategorien* und *Medien*:

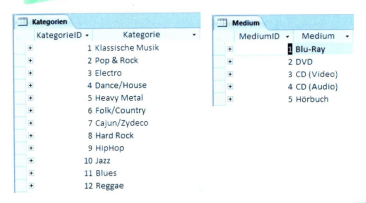

Die Alben erfassen Sie mit dem Erfassungsformular *Album*. Es bietet Kombinationsfelder für die verknüpften Felder *Interpret*, *Kategorie* und *Medium*.

Abfragen erstellen

Titel	Interpret	Kategorie	Medium
Highway 13	John Lee Hooker	Blues	CD (Audio)
La Porte	Zydeco Anni + Swamp Cats	Cajun/Zydeco	DVD
Need You Now	Lady Antebellum	Folk/Country	CD (Audio)
Nothing Else Matters	Metallica	Heavy Metal	Blu-Ray
Demons and Wizards	Uriah Heep	Heavy Metal	CD (Video)
Jazz Gala Concert	Peter Herbolzheimer	Jazz	DVD
Schiffsverkehr	Grönemeyer	Pop & Rock	CD (Audio)
Live at Montreux	Eric Clapton	Pop & Rock	DVD
Gold Cobra	Limp Bizkit	Pop & Rock	CD (Audio)
American Idiot	Greenday	Pop & Rock	CD (Audio)
Exodus	Bob Marley	Reggae	CD (Audio)
Legend	Bob Marley	Reggae	CD (Audio)

Abfragen erstellen

Abfragen sind in relationalen Datenbanken wichtig und immer dann nötig, wenn Daten aus einzelnen Tabellen gefiltert und/oder sortiert dargestellt werden müssen und wenn Daten aus mehreren Tabellen zusammenzufassen sind. Da Verknüpfungen zwischen den Tabellen grundsätzlich Schlüsselfelder referenzieren, können viele Tabellen nicht als Grundlage für Berichte oder Formulare verwendet werden. Erstellen Sie beispielsweise einen Bericht aus der Tabelle *Album*, werden die direkt verknüpften Felder nur ihre ID-Nummern hinterlassen.

Eine erste Abfrage mit Tabellenauswahl

Erstellen Sie eine Abfrage, in der die wichtigsten Felder aus der Tabelle *Album* und Felder aus den verknüpften Tabellen kombiniert werden.

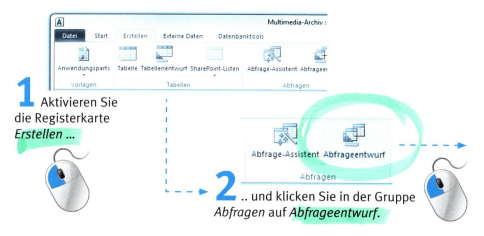

1 Aktivieren Sie die Registerkarte *Erstellen* ...

2 .. und klicken Sie in der Gruppe *Abfragen* auf *Abfrageentwurf*.

Kapitel 6

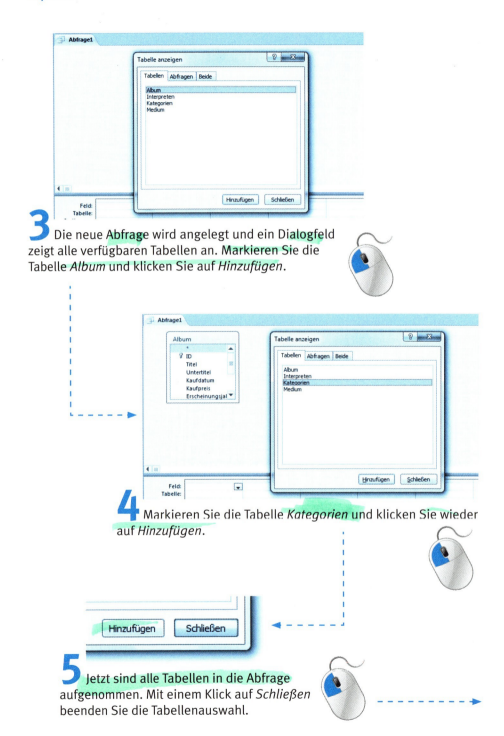

3 Die neue Abfrage wird angelegt und ein Dialogfeld zeigt alle verfügbaren Tabellen an. Markieren Sie die Tabelle *Album* und klicken Sie auf *Hinzufügen*.

4 Markieren Sie die Tabelle *Kategorien* und klicken Sie wieder auf *Hinzufügen*.

5 Jetzt sind alle Tabellen in die Abfrage aufgenommen. Mit einem Klick auf *Schließen* beenden Sie die Tabellenauswahl.

Abfragen erstellen

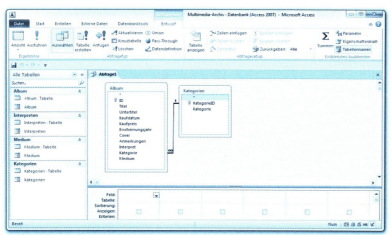

6 Die Feldlisten können Sie verschieben und in der Größe ändern. Ziehen Sie zum Verschieben die Titelleiste mit gedrückter Maustaste und vergrößern Sie die Listen, indem Sie die untere Randlinie nach unten ziehen.

7 Mit dem Trennbalken zwischen Abfragebereich und Entwurfsansicht verändern Sie die Größe der beiden Bereiche. Ziehen Sie ihn mit gedrückter Maustaste nach oben oder nach unten.

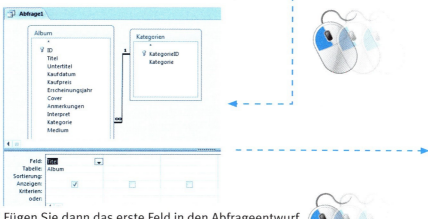

8 Fügen Sie dann das erste Feld in den Abfrageentwurf ein. Ziehen Sie das Feld *Titel* aus der *Album*-Liste mit gedrückter Maustaste in die erste Spalte.

181

Kapitel 6

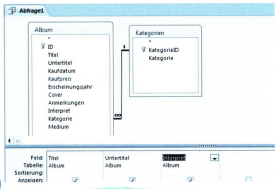

9 Holen Sie die Felder *Untertitel* und *Interpret* mit einem Doppelklick in die nächsten Spalten.

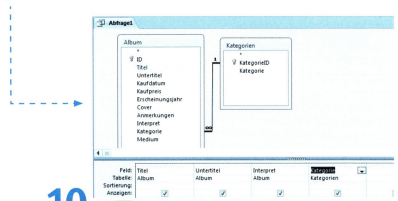

10 Holen Sie anschließend das Feld *Kategorie* aus der zweiten Tabelle durch Ziehen oder per Doppelklick in die letzte Spalte des Abfrageentwurfs.

11 Jetzt können Sie die Abfrage ausführen. Klicken Sie dazu auf das gleichnamige Feld in der Gruppe *Ergebnisse*.

Abfragen erstellen

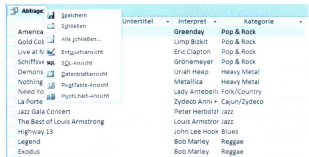

12 Die Abfrage wird ausgeführt und zeigt die Datensätze aus der Verbindung der beiden Tabellen an. Speichern Sie die Abfrage gleich über das Kontextmenü des Registerreiters.

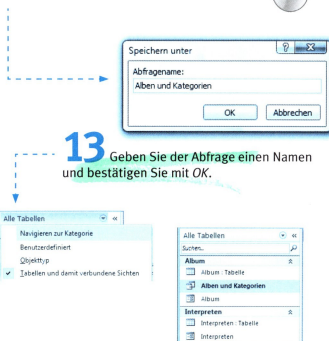

13 Geben Sie der Abfrage einen Namen und bestätigen Sie mit *OK*.

14 Die neue Abfrage wird im Navigationsbereich unter der Tabelle *Album* gelistet.

Kapitel 6

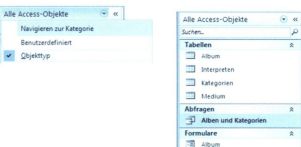

15 Schalten Sie um auf die Ansicht *Objekttyp*, sehen Sie die Abfrage in einer neuen Gruppe *Abfragen*.

Abfrage mit dem Assistenten erstellen

Der Abfrage-Assistent erleichtert die Suche nach verknüpften Tabellen und bietet die Feldauswahl im Dialog an. Benutzen Sie ihn für die zweite Abfrage, eine Liste der im Archiv gespeicherten Schätze nach Interpreten.

1 Aktivieren Sie die Registerkarte *Erstellen* und klicken Sie in der Gruppe *Abfragen* auf das Symbol *Abfrage-Assistent*.

2 Die erste Abfrageart ist bereits markiert. Klicken Sie auf *OK*, um eine Auswahlabfrage zu erstellen.

Abfrage mit dem Assistenten erstellen

3 Für die Feldauswahl schalten Sie zuerst zur Tabelle *Interpreten* um. Markieren Sie das Feld *Interpret/Band* und holen Sie es per Klick auf das Pfeilsymbol in die Abfrage.

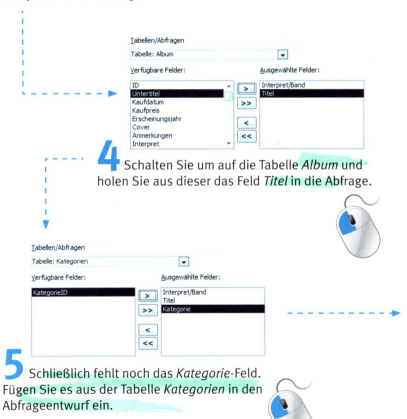

4 Schalten Sie um auf die Tabelle *Album* und holen Sie aus dieser das Feld *Titel* in die Abfrage.

5 Schließlich fehlt noch das *Kategorie*-Feld. Fügen Sie es aus der Tabelle *Kategorien* in den Abfrageentwurf ein.

185

Kapitel 6

6 Damit sind alle Felder für die Abfrage ausgewählt. Klicken Sie auf *Weiter*, um zum nächsten Schritt des Assistenten zu schalten.

7 Bestätigen Sie per Klick auf *Weiter*, dass Sie eine Liste mit allen Datensätzen haben wollen.

Hinweis

Zusammenfassungsabfragen summieren zum Beispiel Zahlenfelder und geben jedes Feld nur einmal (mit Summe) wieder.

8 Tragen Sie noch einen aussagekräftigen Namen für die **Abfrage** ein ...

9 ... und schließen Sie den Assistenten und damit die Abfrage mit einem Klick auf *Fertig stellen* ab.

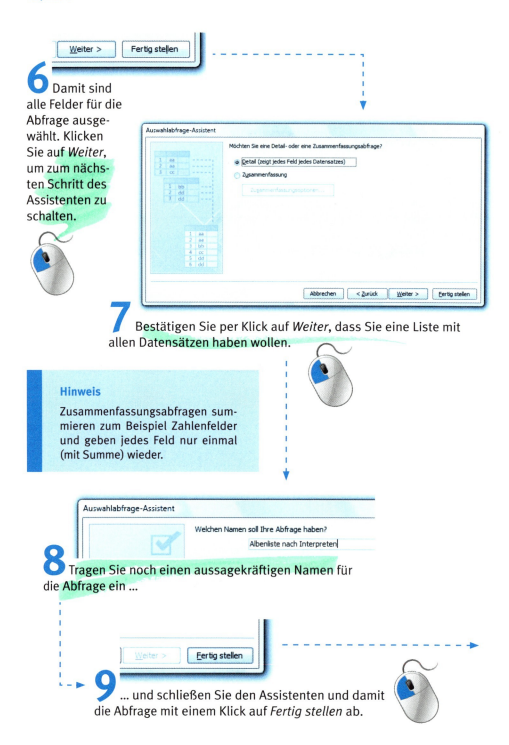

Abfrage mit dem Assistenten erstellen

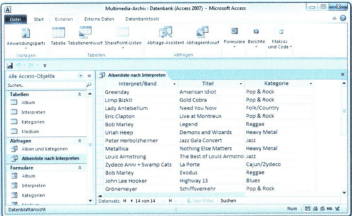

10 Die Abfrage wird erstellt und sofort gespeichert. Das Ergebnis zeigt eine Liste mit allen Datensätzen aus drei verbundenen Tabellen.

11 Schalten Sie über das Kontextmenü der Registerkarte zur Entwurfsansicht um.

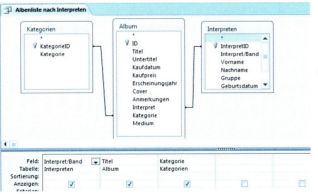

12 Wenn Sie die Feldlisten anordnen, sehen Sie die Beziehungen zwischen den drei Tabellen. Im Abfrageentwurf sind die über dem Assistenten gewählten Felder aufgelistet.

Daten in der Abfrage sortieren

Für die Sortierung ist die Position des Feldes maßgeblich. Sortiert wird zuerst nach dem Feld ganz links, dann nach dem zweiten, dritten usw. Voraussetzung ist, dass Sie das Sortierkriterium bestimmen. Sie können auch Felder als Sortierkriterium verwenden, die nicht in der Abfrage vorkommen.

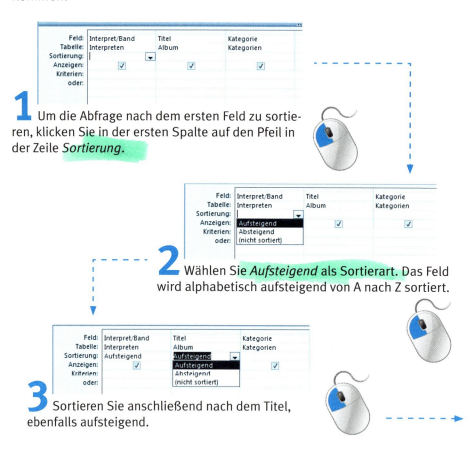

1 Um die Abfrage nach dem ersten Feld zu sortieren, klicken Sie in der ersten Spalte auf den Pfeil in der Zeile *Sortierung*.

2 Wählen Sie *Aufsteigend* als Sortierart. Das Feld wird alphabetisch aufsteigend von A nach Z sortiert.

3 Sortieren Sie anschließend nach dem Titel, ebenfalls aufsteigend.

Hinweis

Nach dem zweiten Sortierkriterium werden nur Datensätze sortiert, die im ersten Feld einen identischen Eintrag haben. In unserem Beispiel wird die Liste der Alben eines Interpreten noch einmal alphabetisch aufsteigend sortiert.

Daten in der Abfrage sortieren

4 Ein Klick auf das *Ausführen*-Symbol auf der Registerkarte *Start* startet die Abfrage ...

5 ... und präsentiert die Datensätze in der gewünschten Sortierung.

Sortieren mit unsichtbaren Feldern

Unsere Albenliste würde die Interpreten nach dem Vornamen sortieren, weil die Namen im Feld *Interpret/Band* komplett eingetragen wurden. Um solche Fehler zu vermeiden, haben wir bei der Normalisierung der Datenbankstruktur zwei weitere Felder vorgesehen, *Vorname* und *Nachname*. Sie können also in dieser Abfrage das *Nachname*-Feld für die aufsteigende Sortierung verwenden, ohne dass dieses sichtbar wird.

1 Schalten Sie zurück zur Entwurfsansicht der Abfrage.

189

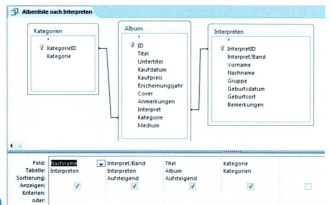

2 Ziehen Sie das Feld *Nachname* aus der Tabelle *Interpreten* vor das erste Feld in Spalte 1.

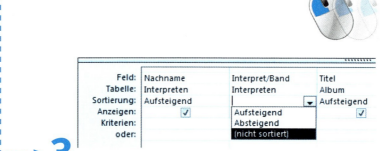

3 Weisen Sie diesem Feld eine aufsteigende Sortierung zu und **entfernen Sie vom zweiten Feld das Sortierkriterium**. Wählen Sie dazu den Eintrag *(nicht sortiert)*.

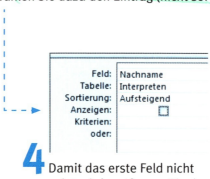

4 Damit das erste Feld nicht angezeigt wird, entfernen Sie das Häkchen an der Option in der Zeile *Anzeigen*.

Daten in der Abfrage sortieren

5 Jetzt können Sie die Abfrage wieder ausführen. Klicken Sie dazu auf der Registerkarte *Entwurf* in der Gruppe *Ergebnisse* auf das *Ausführen*-Symbol.

6 Das Ergebnis: Die Datensätze mit Interpreten sind nach dem (unsichtbaren) Namensfeld in der ersten Spalte sortiert. Wenn die Gruppen keine Einträge im Nachnamen haben, stehen sie hier an erster Stelle.

Abfrageentwurf speichern

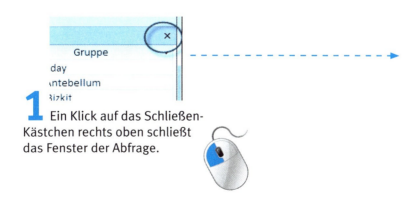

1 Ein Klick auf das Schließen-Kästchen rechts oben schließt das Fenster der Abfrage.

Kapitel 6

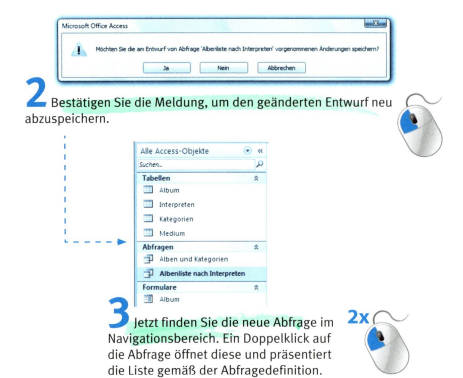

2 Bestätigen Sie die Meldung, um den geänderten Entwurf neu abzuspeichern.

3 Jetzt finden Sie die neue Abfrage im Navigationsbereich. Ein Doppelklick auf die Abfrage öffnet diese und präsentiert die Liste gemäß der Abfragedefinition.

Abfrageergebnis sortieren

Achten Sie auch auf die Sortier- und Filterkriterien, die für jede Spalte einer ausgeführten Abfrage angeboten werden. Mit diesen können Sie die Sortierung der Abfrage abändern, während die Daten angezeigt werden.

1 Führen Sie die Abfrage aus und klicken Sie auf das Pfeilsymbol rechts am Spaltentitel.

Abfragen filtern mit Kriterien

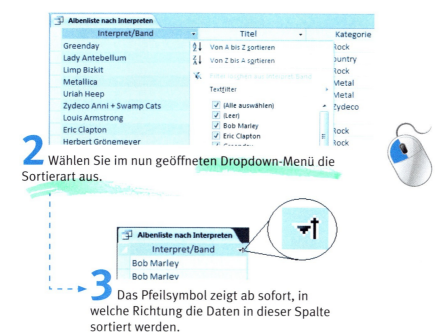

2 Wählen Sie im nun geöffneten Dropdown-Menü die Sortierart aus.

3 Das Pfeilsymbol zeigt ab sofort, in welche Richtung die Daten in dieser Spalte sortiert werden.

Wenn Sie die Abfrage mit dieser Sortierung speichern und schließen, ändern Sie den Entwurf. Wird eine gespeicherte Abfrage ausgeführt, sind die Filterpfeile am Spaltenrand nicht zu sehen.

Abfragen filtern mit Kriterien

Die *Kriterien*-Zeile bietet die Möglichkeit, das Abfrageergebnis gezielt zu filtern. Tragen Sie in diese Zeile ein oder mehrere Kriterien als Filter ein und starten Sie die Abfrage. Sie wird nur die Datensätze anbieten, die Ihrem Filter entsprechen.

1 Aktivieren Sie die Registerkarte *Erstellen* und klicken Sie in der Gruppe *Abfrage* auf *Abfrageentwurf*.

193

Kapitel 6

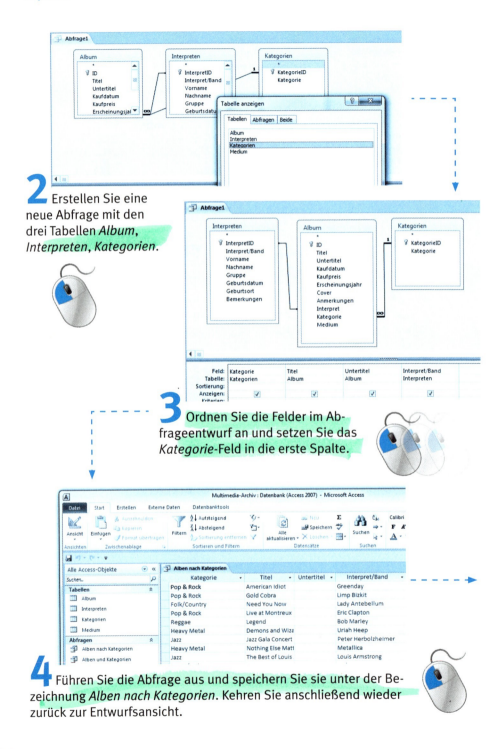

2 Erstellen Sie eine neue Abfrage mit den drei Tabellen *Album*, *Interpreten*, *Kategorien*.

3 Ordnen Sie die Felder im Abfrageentwurf an und setzen Sie das *Kategorie*-Feld in die erste Spalte.

4 Führen Sie die Abfrage aus und speichern Sie sie unter der Bezeichnung *Alben nach Kategorien*. Kehren Sie anschließend wieder zurück zur Entwurfsansicht.

Abfragen filtern mit Kriterien

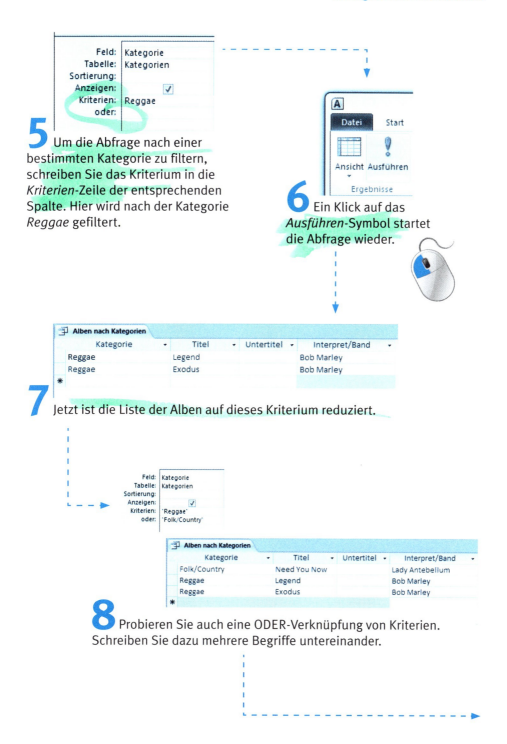

5 Um die Abfrage nach einer bestimmten Kategorie zu filtern, schreiben Sie das Kriterium in die *Kriterien*-Zeile der entsprechenden Spalte. Hier wird nach der Kategorie *Reggae* gefiltert.

6 Ein Klick auf das *Ausführen*-Symbol startet die Abfrage wieder.

7 Jetzt ist die Liste der Alben auf dieses Kriterium reduziert.

8 Probieren Sie auch eine ODER-Verknüpfung von Kriterien. Schreiben Sie dazu mehrere Begriffe untereinander.

195

Kapitel 6

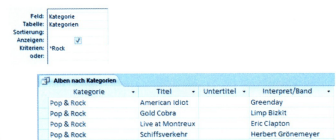

9 Arbeiten Sie mit Platzhalterzeichen, findet die Abfrage alles, was diesem Kriterium entspricht. ***** steht für alle Zeichen, **?** für einzelne Zeichen (M??er).

Access wandelt die Eingabe »*Rock« um in:

»Wie „*Rock"«

Sie können die Kriterien auch in einer Zeile mit ODER verbinden:

`„Jazz" ODER „Heavy Metal"`

Eine UND-Verknüpfung stellen Sie mit UND als Bindewort her, was aber meist nur bei Zahlen-, Währungs- oder Datumsfeldern Sinn macht:

`>10 UND <20`

Abfrageergebnis filtern

Für das angezeigte Abfrageergebnis bietet Access ebenfalls Filter an. Klicken Sie auf den Pfeil am rechten Rand eines Spaltentitels, erhalten Sie alle Einträge als Kriterien und weitere Filter angezeigt. Speichern Sie aber zunächst die Abfrage.

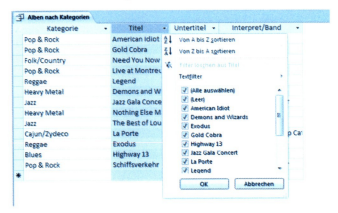

Kreuzen Sie an, was Sie in dieser Spalte sehen wollen, oder benutzen Sie den Textfilter, um ganz spezifische Filter zu setzen (beginnt mit, endet mit ...). In Datumsspalten erhalten Sie natürlich einen Datumsfilter und in Zahlen- oder Währungsspalten einen Zahlenfilter, der mit logischen Operatoren (größer, kleiner, gleich) arbeitet.

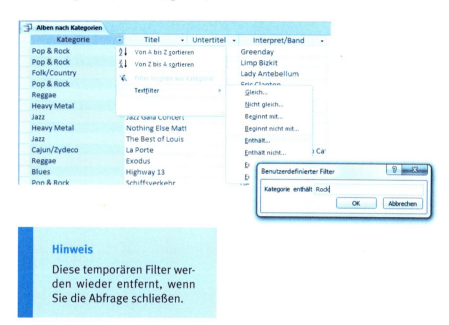

Hinweis

Diese temporären Filter werden wieder entfernt, wenn Sie die Abfrage schließen.

Abfragen mit Rechenfunktion

Abfragen können nicht nur Datensätze listen, sortieren und filtern, sie können auch rechnen, und zwar mit Funktionen, wie Sie sie vielleicht vom Tabellenkalkulationsprogramm Excel kennen. Zur Auswahl stehen die wichtigsten Funktionen wie Summe, Anzahl und Mittelwert, die Abfrage kann aber noch wesentlich mehr.

Für die nächste Aufgabe brauchen Sie zwei Abfragen. Die erste listet die Kaufpreise der einzelnen Alben auf, und die zweite summiert diese nach Kategorie, sodass Sie eine Übersicht haben, wie viel Geld Sie in die einzelnen Musikrichtungen investieren.

Kapitel 6

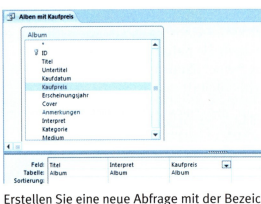

1 Erstellen Sie eine neue Abfrage mit der Bezeichnung »**Alben mit Kaufpreis**«. Fügen Sie aus der Tabelle *Album* die Felder *Titel*, *Interpret* und *Kaufpreis* ein.

Hinweis

Sie können Daten in Abfragen erfassen, solange diese nicht mit verknüpften Feldern aus mehreren Tabellen arbeiten.

2 Schalten Sie zur Datenblattansicht der Abfrage um und tragen Sie die Beträge nach, falls diese noch nicht erfasst sind.

3 Speichern und schließen Sie dann die Abfrage über das Kontextmenü des Registerreiters.

Abfragen mit Rechenfunktion

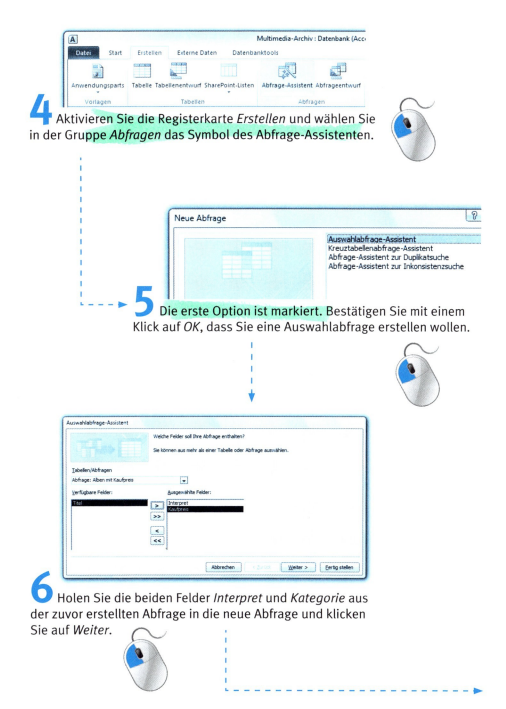

4 Aktivieren Sie die Registerkarte *Erstellen* und wählen Sie in der Gruppe *Abfragen* das Symbol des Abfrage-Assistenten.

5 Die erste Option ist markiert. Bestätigen Sie mit einem Klick auf *OK*, dass Sie eine Auswahlabfrage erstellen wollen.

6 Holen Sie die beiden Felder *Interpret* und *Kategorie* aus der zuvor erstellten Abfrage in die neue Abfrage und klicken Sie auf *Weiter*.

Kapitel 6

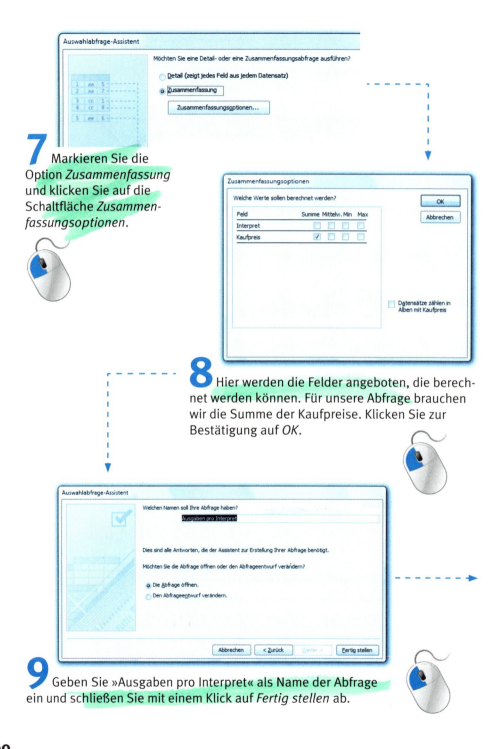

7 Markieren Sie die Option *Zusammenfassung* und klicken Sie auf die Schaltfläche *Zusammenfassungsoptionen*.

8 Hier werden die Felder angeboten, die berechnet werden können. Für unsere Abfrage brauchen wir die Summe der Kaufpreise. Klicken Sie zur Bestätigung auf *OK*.

9 Geben Sie »Ausgaben pro Interpret« als Name der Abfrage ein und schließen Sie mit einem Klick auf *Fertig stellen* ab.

Abfragen mit Rechenfunktion

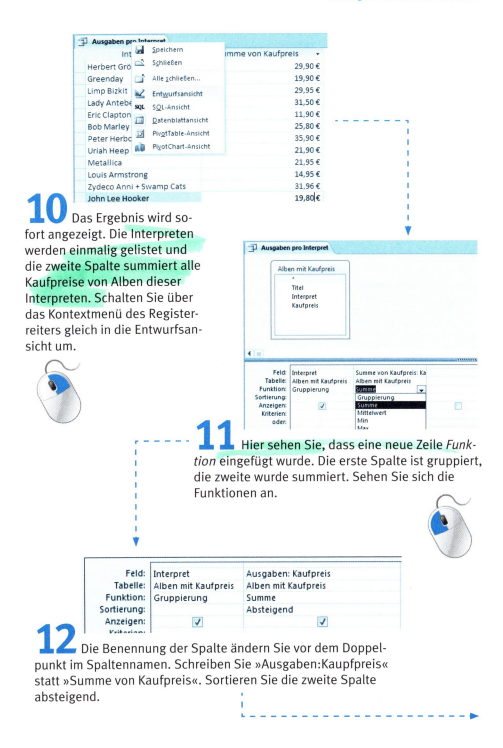

10 Das Ergebnis wird sofort angezeigt. Die Interpreten werden einmalig gelistet und die zweite Spalte summiert alle Kaufpreise von Alben dieser Interpreten. Schalten Sie über das Kontextmenü des Registerreiters gleich in die Entwurfsansicht um.

11 Hier sehen Sie, dass eine neue Zeile *Funktion* eingefügt wurde. Die erste Spalte ist gruppiert, die zweite wurde summiert. Sehen Sie sich die Funktionen an.

12 Die Benennung der Spalte ändern Sie vor dem Doppelpunkt im Spaltennamen. Schreiben Sie »Ausgaben:Kaupfreis« statt »Summe von Kaufpreis«. Sortieren Sie die zweite Spalte absteigend.

201

Kapitel 6

Ausgaben pro Interpret	
Interpret	Ausgaben
Peter Herbolzheimer	35,90 €
Zydeco Anni + Swamp Cats	31,96 €
Lady Antebellum	31,50 €
Limp Bizkit	29,95 €
Herbert Grönemeyer	29,90 €
Bob Marley	25,80 €
Metallica	21,95 €
Uriah Heep	21,90 €
Greenday	19,90 €
John Lee Hooker	19,80 €
Louis Armstrong	14,95 €
Eric Clapton	11,90 €

13 Das Ergebnis: So viel geben Sie für die einzelnen Interpreten aus.

Die Summenzeile lässt sich auch ohne Assistent im Abfrageentwurf verwenden. Schalten Sie sie einfach über das *Summen*-Symbol hinzu. Sie finden dieses Symbol auf der Registerkarte *Entwurf* in der Gruppe *Einblenden/Ausblenden*.

Bericht mit Gruppierung anlegen

Der Bericht ist die Ausgabeform, die gedruckte Form der Daten einer Datenbank. Sie können einfache und schnelle AutoBerichte erstellen oder Berichte aufwändig gestalten und mit Berechnungsformeln versehen.

Besonders nützlich für die Ausgabe verknüpfter Daten ist ein Bericht mit Gruppenwechsel. Für detaillierte Berichte verwenden Sie am besten den Berichts-Assistenten.

> **Was ist das?**
>
> Unter einen Gruppenwechsel versteht man eine Liste, in der die Datensätze nach einem oder mehreren Feldern gruppiert sind. Bei jedem Gruppenwechsel werden die Daten einer Gruppe zusammengefasst und berechnet. So könnte die Albenliste beispielsweise nach Interpreten, Kategorien, Kaufdatum oder Medium gruppiert werden.

Der erste Bericht

Erstellen Sie einen Bericht über Ihre Alben mit den Kategorien als Hauptgruppe.

1 Aktivieren Sie die Registerkarte *Erstellen* und klicken Sie in der Gruppe *Berichte* auf *Berichts-Assistent*.

2 Suchen Sie in der Liste der Tabellen und Abfragen die Abfrage *Alben und Kategorien*.

3 Die Felder aus den verknüpften Tabellen werden angezeigt, Sie können sie alle mit dem Doppelpfeil in den Bericht übernehmen.

Kapitel 6

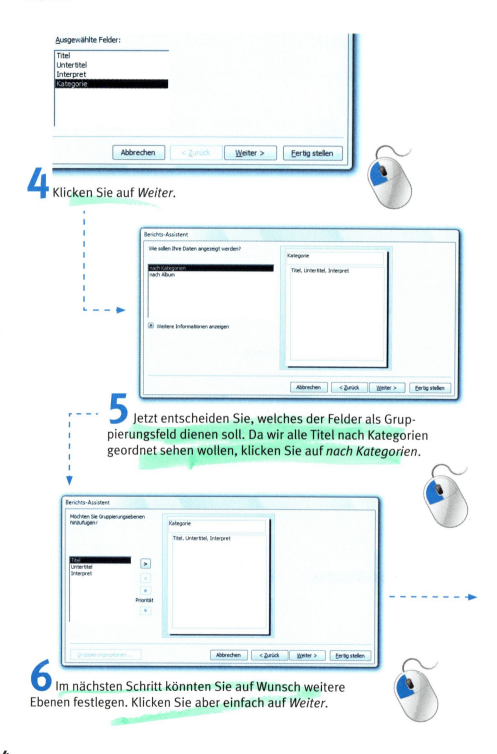

4 Klicken Sie auf *Weiter*.

5 Jetzt entscheiden Sie, welches der Felder als Gruppierungsfeld dienen soll. Da wir alle Titel nach Kategorien geordnet sehen wollen, klicken Sie auf *nach Kategorien*.

6 Im nächsten Schritt könnten Sie auf Wunsch weitere Ebenen festlegen. Klicken Sie aber einfach auf *Weiter*.

Der erste Bericht

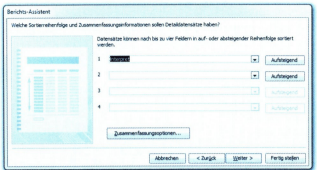

7 Für die Sortierreihenfolge wählen Sie *Interpret* und *Aufsteigend*. Damit werden die Datensätze pro Gruppe nach den Interpreten sortiert.

> **Hinweis**
> Die Gruppierungsebene ist automatisch aufsteigend sortiert.

8 Für das Layout des Berichtes stehen *Abgestuft*, *Block* und *Gliederung* zur Auswahl. Klicken Sie die Optionen an, um die Vorschau zu sehen. Entscheiden Sie sich für *Block*. Als Orientierung ist das Hochformat bei wenigen Feldern optimal, und die Feldbreite wird automatisch angepasst.

Kapitel 6

9 Tippen Sie noch eine passende Überschrift für Ihren Gruppenbericht ein und klicken Sie auf *Fertig stellen*, um den Bericht anzulegen.

10 Nach kurzer Zeit steht der Bericht zur Verfügung, die Datensätze sind nach Kategorien gruppiert. Im Navigationsbereich finden Sie eine neue Gruppe *Berichte* mit dem bereits gespeicherten Bericht vor.

Bericht in der Entwurfsansicht bearbeiten

Kein Bericht ist auf Anhieb direkt brauchbar. Sie müssen immer die Bereiche anpassen, überflüssige Elemente löschen, Beschriftungen ändern und Felder neu positionieren. In der Entwurfsansicht präsentiert sich der Bericht in mehreren Bereichen.

Der erste Bericht

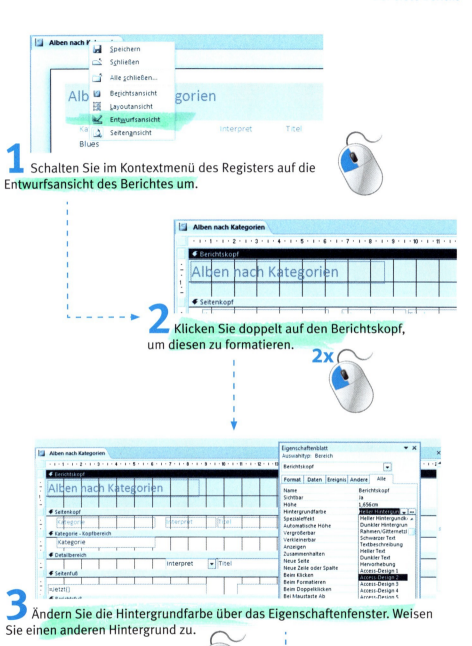

1 Schalten Sie im Kontextmenü des Registers auf die Entwurfsansicht des Berichtes um.

2 Klicken Sie doppelt auf den Berichtskopf, um diesen zu formatieren.

3 Ändern Sie die Hintergrundfarbe über das Eigenschaftenfenster. Weisen Sie einen anderen Hintergrund zu.

Kapitel 6

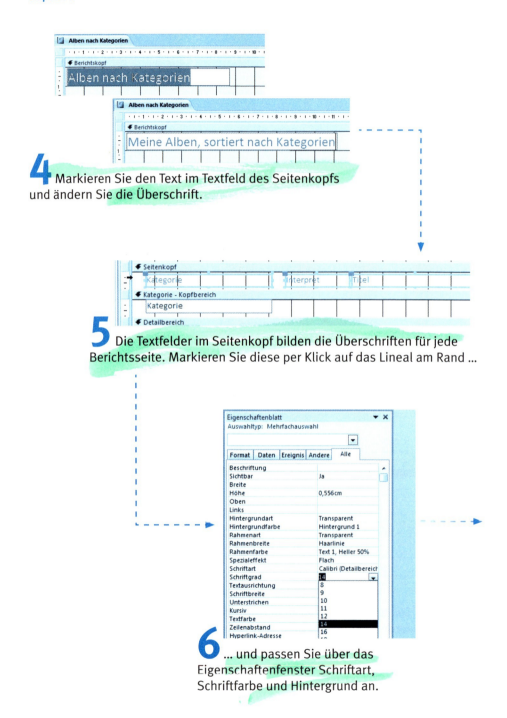

4 Markieren Sie den Text im Textfeld des Seitenkopfs und ändern Sie die Überschrift.

5 Die Textfelder im Seitenkopf bilden die Überschriften für jede Berichtsseite. Markieren Sie diese per Klick auf das Lineal am Rand ...

6 ... und passen Sie über das Eigenschaftenfenster Schriftart, Schriftfarbe und Hintergrund an.

Der erste Bericht

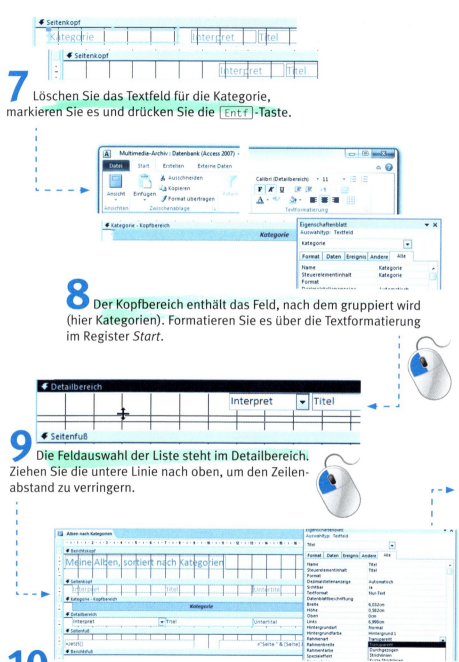

7 Löschen Sie das Textfeld für die Kategorie, markieren Sie es und drücken Sie die [Entf]-Taste.

8 Der Kopfbereich enthält das Feld, nach dem gruppiert wird (hier Kategorien). Formatieren Sie es über die Textformatierung im Register *Start*.

9 Die Feldauswahl der Liste steht im Detailbereich. Ziehen Sie die untere Linie nach oben, um den Zeilenabstand zu verringern.

10 Ordnen Sie Überschriften und Detailfelder exakt untereinander an, vergrößern Sie die Felder und entfernen Sie die Rahmen von den Detailfeldern.

11 Im Seitenfuß finden Sie zwei Textfelder mit Berechnungsformeln. Klicken Sie ein Feld an ...

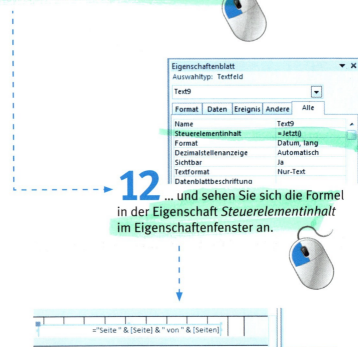

12 ... und sehen Sie sich die Formel in der Eigenschaft *Steuerelementinhalt* im Eigenschaftenfenster an.

13 Mit einem Klick auf das Symbol mit den drei Punkten rechts außen öffnen Sie den Ausdrucksgenerator.

Der erste Bericht

14 Hier erfassen oder bearbeiten Sie die Formeln im Steuerelement. Sehen Sie sich das Angebot der integrierten Funktionen an.

Bericht speichern, anzeigen und drucken

1 Speichern Sie den geänderten Bericht über das Kontextmenü des Registers ...

211

Kapitel 6

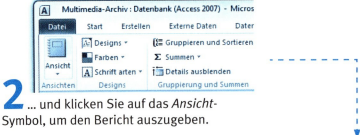

2 ... und klicken Sie auf das *Ansicht*-Symbol, um den Bericht auszugeben.

3 Der neu gestaltete Bericht wird ausgegeben. Schalten Sie um auf das *Datei*-Menü ...

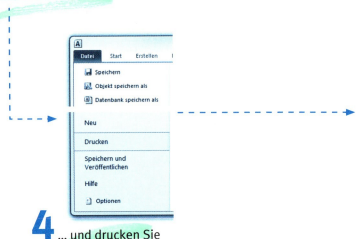

4 ... und drucken Sie den Bericht aus.

Der erste Bericht

5 In der *Seitenansicht* sehen Sie eine Druckvorschau des Berichtes.

6 Klicken Sie auf *Seitenansicht schließen* oder auf *Drucken*, um den Bericht auf dem Drucker auszugeben.

Kapitel 6

Kleine Erfolgskontrolle

Nach diesem Kapitel kennen Sie schon die wichtigsten Elemente einer Datenbank und sind damit gut gerüstet für größere Aufgaben. Testen Sie sich aber vorher, damit Sie auch sichergehen können, dass Sie alle »Basics« verstanden haben. Es ist übrigens immer nur eine Antwort richtig.

Frage	Antwort
Im Unterschied zu Tabellen enthalten Abfragen keine Daten, sondern	a) Formularelemente b) berechnete Ergebnisse aus Tabellen oder anderen Abfragen c) Feldnamen für Tabellen d) gefilterte Daten aus Berichten
Der Abfrageentwurf enthält im oberen Teil des Fensters	a) die Tabellen, die mit der Abfrage entstehen b) die Feldlisten der Tabellen, die nicht an der Abfrage beteiligt sind c) die Feldlisten aller Tabellen d) die Feldlisten der Tabellen, die an der Abfrage beteiligt sind
Ein Klick auf das *Entwurf*-Symbol im Abfrageentwurf schaltet um auf	a) die Tabelle b) das Abfrageergebnis (ein Datenblatt) c) den Berichts-Assistenten d) das Datenbankfenster

Kleine Erfolgskontrolle

Frage	Antwort
Das Abfrageergebnis ist zuerst nach dem Feld sortiert,	a) das im Entwurf am weitesten links steht und in der Zeile *Sortierung* einen Eintrag hat b) das im Entwurf in der Zeile *Anzeigen* ein Kreuz anzeigt c) das als Erstes im Feldentwurf steht d) das den Datentyp *Text* aufweist
Das *Summen*-Symbol im Abfrageentwurf wird verwendet,	a) um die Summe aller Abfragen zu ermitteln b) um die Summe von Zahlenfeldern zu ermitteln c) um eine neue Zeile mit Rechenfunktionen im Entwurfsbereich einzublenden d) um Währungsfelder automatisch aufzusummieren
Gruppenwechsel zeigt der Berichtsentwurf an über	a) ein Symbol in der Symbolleiste b) farbig (blau) markierte Feldbezeichnungen c) Formeln im Kopfbereich des Berichtes d) einen eigenen Kopfbereich für das gruppierte Feld

Das können Sie schon

Tabellen, Formulare und Berichte entwerfen	77, 142, 158
Relationale Verknüpfungen	124
Abfragen und gruppierte Abfragen erstellen	184
Berichte erstellen und Berichtsbereiche formatieren	202

Das lernen Sie neu

Datenbankentwurf und Erfassungsformular	218
Formulardesign mit Steuerelementen	229
Berechnete Felder in Formulare einfügen	236
Spezialabfragen erstellen	240
Datenbanken mit Excel-Tabellen verknüpfen	253
Abfragen auf Excel-Tabellen anlegen	262

Kapitel 7
KFZ-Verwaltung und Fahrtenbuch

Tabellen sind die Datenspeicher der Datenbank, mit Abfragen filtern, sortieren und gruppieren Sie die Daten aus unterschiedlichen (verknüpften) Tabellen. Lernen Sie in diesem Kapitel die Technik der berechneten Abfragen kennen und verbessern Sie Ihr Formulardesign. Eine KFZ-Verwaltung mit Fahrtenbuch, Kilometerleistungs- und Benzinkostenberechnung bietet sich als nützliches Praxisbeispiel an.

Kapitel 7

Datenbankentwurf und Erfassungsformular

Legen Sie eine neue Datenbankdatei an und erstellen Sie wieder ein Modell mit verknüpften Tabellen.

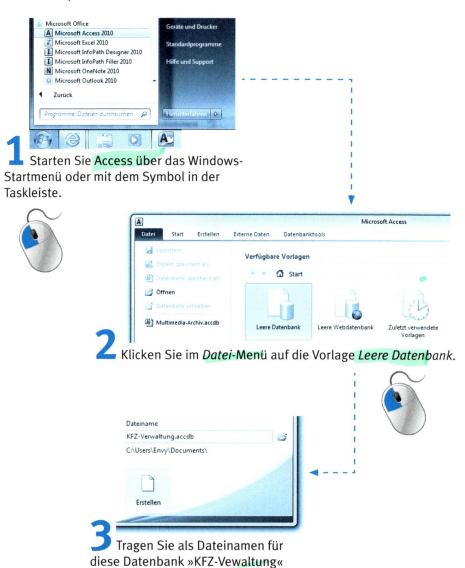

1 Starten Sie Access über das Windows-Startmenü oder mit dem Symbol in der Taskleiste.

2 Klicken Sie im *Datei*-Menü auf die Vorlage *Leere Datenbank*.

3 Tragen Sie als Dateinamen für diese Datenbank »KFZ-Vewaltung« ein und klicken Sie auf *Erstellen*.

Datenbankentwurf und Erfassungsformular

4 Die neue Datenbank ist angelegt, Sie können gleich die erste Tabelle bearbeiten. Schalten Sie in den Tabellenentwurf um.

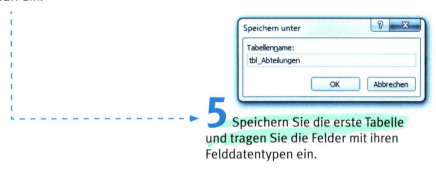

5 Speichern Sie die erste Tabelle und tragen Sie die Felder mit ihren Felddatentypen ein.

Tabellenentwürfe und Basisdaten

Für unsere KFZ-Verwaltung brauchen wir die nachfolgenden Grundtabellen.

> **Hinweis**
>
> Mit dem Präfix *tbl_* vor dem Tabellennamen sind diese im Datenbankentwurf, speziell bei Abfragen und Verknüpfungen, einfacher identifizierbar. Der Unterstrich ist nicht unbedingt nötig, Leerzeichen sollten Sie aber in Objektnamen grundsätzlich vermeiden.

tbl_Abteilungen

Eine Liste mit Abteilungsbezeichnungen. Hier fügen Sie nach dem *ID*-Feld mit Primärschlüssel ein Textfeld *Abteilung* ein. Speichern Sie den Tabellenentwurf und erfassen Sie gleich die Daten.

Kapitel 7

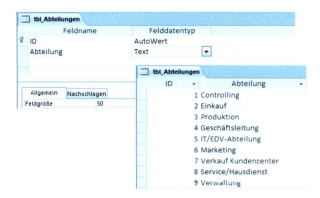

tbl_Mitarbeiter

Das ist die Tabelle mit den Mitarbeiterdaten. Sie wird über das Textfeld *Abteilung* mit der Abteilungstabelle verknüpft. Die *MitarbeiterNr* erhält einen Primärschlüssel, die *Personalnummer* bekommt die Eigenschaft *Indiziert Ja (Ohne Duplikate)*.

Erstellen Sie die Verknüpfung zur Abteilungstabelle mit dem Nachschlage-Assistenten, verknüpfen Sie das Textfeld Abteilung.

Geben Sie anschließend gleich die Daten ein und holen Sie die Abteilungsbezeichnungen über die Verknüpfung aus der Tabelle Abteilung.

Datenbankentwurf und Erfassungsformular

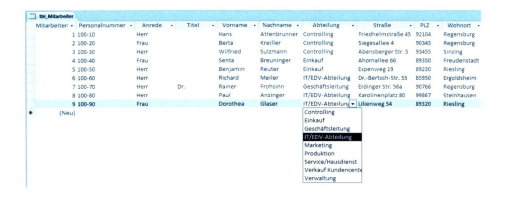

tbl_Fahrzeuge

Diese Tabelle erhält die Liste der Fahrzeuge, die von den Mitarbeitern gefahren oder ausgeliehen werden. Weisen Sie dem Nummernfeld *Fahrzeug-Nr* einen Primärschlüssel zu. Geben Sie die Textfelder mit der passenden Feldgröße ein.

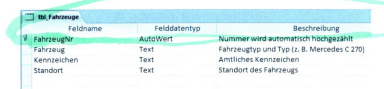

Erfassen Sie die Daten für diese Tabelle gleich in der Tabellenansicht oder legen Sie ein Formular dafür an.

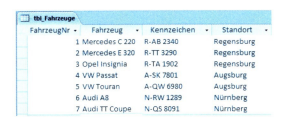

tbl_Fahrten

Das Fahrtenbuch speichert die Fahrzeiten und die gefahrenen Kilometer. Legen Sie die Tabelle an und verknüpfen Sie die Felder *Fahrzeug* und *Fahrer* aus den Tabellen *tbl_Fahrzeuge* und *tbl_Mitarbeiter*.

Kapitel 7

tbl_Fahrtenbuch		
Feldname	Felddatentyp	Beschreibung
vonDatum	Datum/Uhrzeit	Datum Fahrtbeginn
vonZeit	Datum/Uhrzeit	Startzeit der Fahrt
bisDatum	Datum/Uhrzeit	Datum Fahrtende
bisZeit	Datum/Uhrzeit	Uhrzeit Fahrtende
vonKM	Zahl	Anfangs-Kilometerstand
bisKM	Zahl	End-Kilometerstand
Fahrzeug	Zahl	Fahrzeug, verknüpft mit Fahrzeugtabelle
Fahrer	Zahl	Name des Fahrers, verknüpft aus Mitarbeitertabelle

1 Erstellen Sie die Tabellenstruktur mit diesen Feldern und zwei Zahlenfeldern für Fahrzeug und Fahrer.

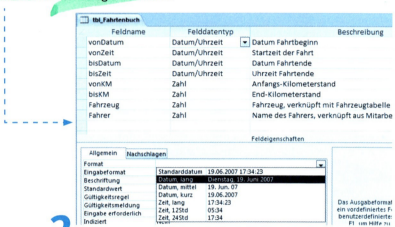

2 Weisen Sie den Datumsfeldern *vonDatum* und *bisDatum* im *Eigenschaften*-Fenster das lange Datumsformat zu. Für die Zeitfelder bietet sich das Format *Zeit, 24Std* an.

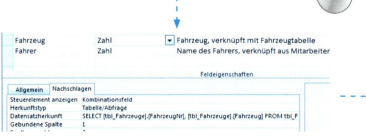

3 Erstellen Sie mit dem Nachschlage-Assistenten die Verknüpfung zwischen dem *Fahrzeug*-Feld und der Tabelle *tbl_Fahrzeuge* (Felder *FahrzeugNr* und *Fahrzeug*).

Datenbankentwurf und Erfassungsformular

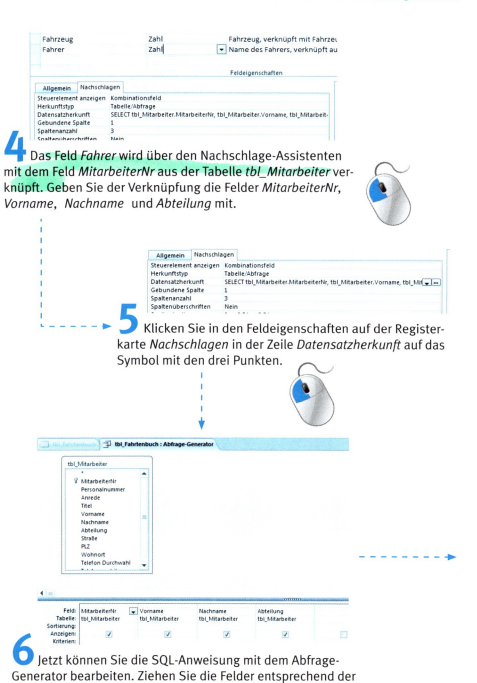

4 Das Feld *Fahrer* wird über den Nachschlage-Assistenten mit dem Feld *MitarbeiterNr* aus der Tabelle *tbl_Mitarbeiter* verknüpft. Geben Sie der Verknüpfung die Felder *MitarbeiterNr*, *Vorname*, *Nachname* und *Abteilung* mit.

5 Klicken Sie in den Feldeigenschaften auf der Registerkarte *Nachschlagen* in der Zeile *Datensatzherkunft* auf das Symbol mit den drei Punkten.

6 Jetzt können Sie die SQL-Anweisung mit dem Abfrage-Generator bearbeiten. Ziehen Sie die Felder entsprechend der Abbildung in den Entwurf oder löschen Sie sie. Mit einem Klick auf das *Schließen*-Symbol wird der Generator beendet.

223

Kapitel 7

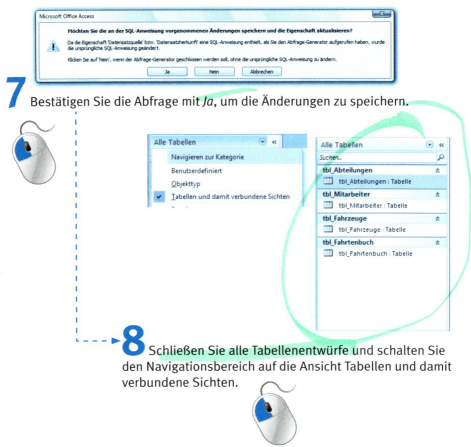

7 Bestätigen Sie die Abfrage mit *Ja*, um die Änderungen zu speichern.

8 Schließen Sie alle Tabellenentwürfe und schalten Sie den Navigationsbereich auf die Ansicht Tabellen und damit verbundene Sichten.

Beziehungen

Die Beziehungen zwischen den einzelnen Tabellen überprüfen Sie im *Beziehungen*-Fenster. Vergessen Sie die *referentielle Integrität* nicht, die Ihre relationalen Verknüpfungen sicher macht.

1 Aktivieren Sie im Menüband die Registerkarte *Datenbanktools* und klicken Sie in der Gruppe *Beziehungen* auf *Beziehungen*.

Datenbankentwurf und Erfassungsformular

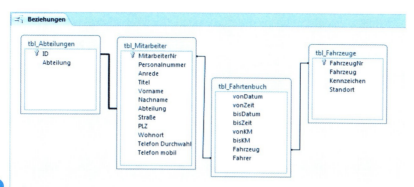

2 Ordnen Sie die Tabellenfenster an und vergrößern Sie die Feldlisten, um alle Felder anzuzeigen. Ändern Sie die relationale Beziehung zwischen *Abteilung* (*tbl_Mitarbeiter*) und *Abteilung* (*tbl_Abteilungen*) mit einem Doppelklick auf die Verknüpfungslinie.

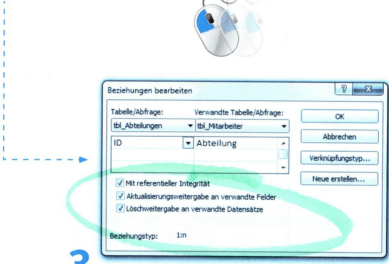

3 Kreuzen Sie alle Optionen an und bestätigen Sie die Beziehung mit einem Klick auf *OK*.

Hinweis

Die Optionen können Sie nur einschalten, wenn das Abteilungsfeld aus *tbl_Abteilungen* eine ID mit Primärschlüssel hat.

Primärschlüssel

225

Kapitel 7

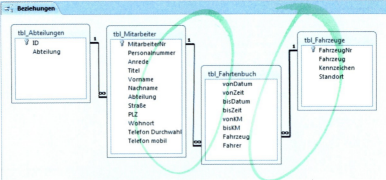

4 Die Tabelle *tbl_Fahrtenbuch* verknüpfen Sie ebenfalls mit referentieller Integrität mit *tbl_Mitarbeiter* und *tbl_Fahrzeuge*.

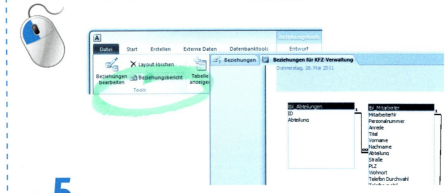

5 Unter *Beziehungstools/Entwurf* finden Sie in der Gruppe *Tools* ein Symbol für einen Beziehungsbericht, der das Layout in Berichtsform abbildet. Speichern Sie diesen und schließen Sie anschließend das *Beziehungen*-Fenster.

Ein Erfassungsformular für Dienstfahrten

Mit den SQL-Verknüpfungen im Tabellenentwurf haben Sie bereits die Grundlage für eine Erfassung der Daten unter Einbeziehung der verknüpften Tabellen geschaffen. Erstellen Sie ein Erfassungsformular für die Dienstfahrten, in dem die Fahrzeug- und Mitarbeiterdaten angeboten werden.

Ein Erfassungsformular für Dienstfahrten

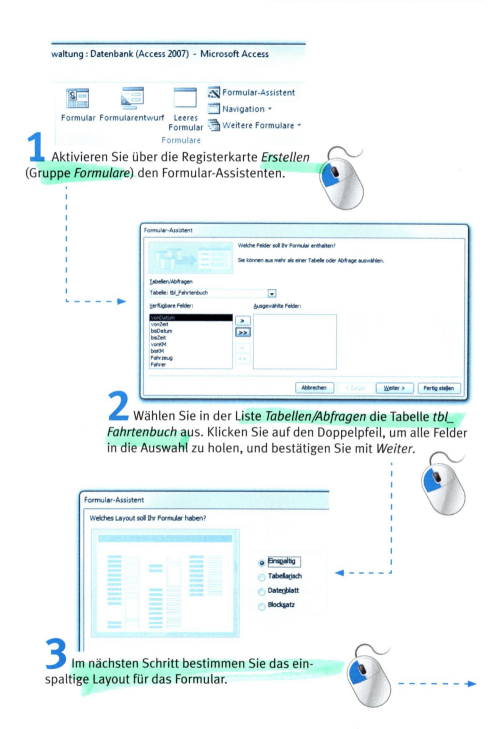

1 Aktivieren Sie über die Registerkarte *Erstellen* (Gruppe *Formulare*) den Formular-Assistenten.

2 Wählen Sie in der Liste *Tabellen/Abfragen* die Tabelle *tbl_Fahrtenbuch* aus. Klicken Sie auf den Doppelpfeil, um alle Felder in die Auswahl zu holen, und bestätigen Sie mit *Weiter*.

3 Im nächsten Schritt bestimmen Sie das einspaltige Layout für das Formular.

Kapitel 7

4 Das Formular wird noch benannt, dann können Sie die Prozedur mit einem Klick auf *Fertig stellen* abschließen.

5 Erfassen Sie gleich eine erste Dienstfahrt mit dem neuen Formular. Die Datumsfelder werden über ein Kalenderelement gesteuert.

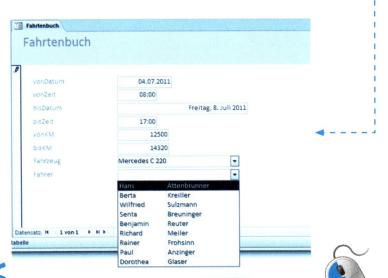

6 Die verknüpften Felder bieten ihre Inhalte in Form von Kombinationsfeldern an (hier das *Fahrer*-Feld).

Formulardesign mit Steuerelementen

Optimal ist das mit dem Assistenten erstellte Formular nicht, auch das simple Spaltenformat muss so nicht stehen bleiben. Designen Sie Ihr Formular gleich in der Entwurfsansicht.

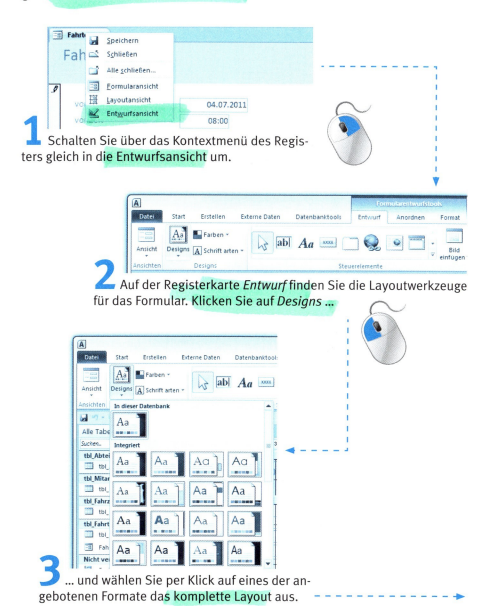

1 Schalten Sie über das Kontextmenü des Registers gleich in die Entwurfsansicht um.

2 Auf der Registerkarte *Entwurf* finden Sie die Layoutwerkzeuge für das Formular. Klicken Sie auf *Designs* ...

3 ... und wählen Sie per Klick auf eines der angebotenen Formate das komplette Layout aus.

Kapitel 7

4 Im Register *Anordnen* der Formularentwurfstools finden Sie Werkzeuge zum Anzeigen der Lineale und des Rasters.

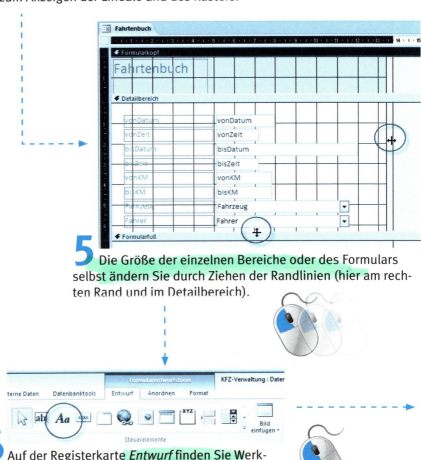

5 Die Größe der einzelnen Bereiche oder des Formulars selbst ändern Sie durch Ziehen der Randlinien (hier am rechten Rand und im Detailbereich).

6 Auf der Registerkarte *Entwurf* finden Sie Werkzeuge zum Zeichnen neuer Steuerelemente. Klicken Sie auf *Bezeichnung* ...

Formulardesign mit Steuerelementen

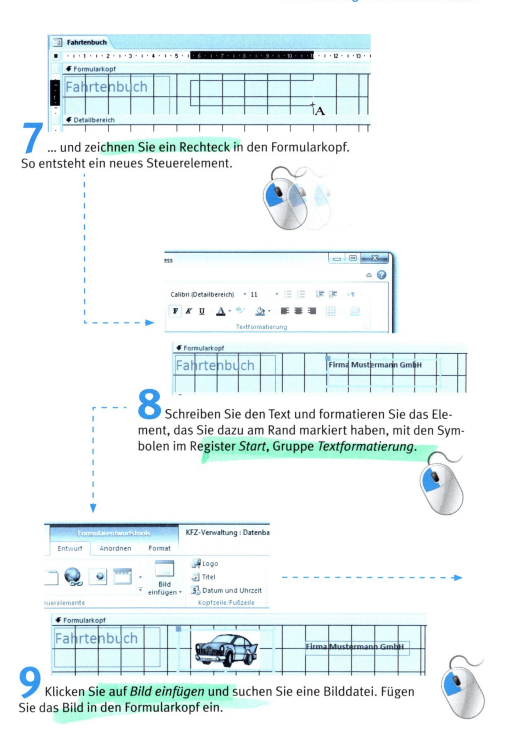

7 ... und zeichnen Sie ein Rechteck in den Formularkopf. So entsteht ein neues Steuerelement.

8 Schreiben Sie den Text und formatieren Sie das Element, das Sie dazu am Rand markiert haben, mit den Symbolen im Register *Start*, Gruppe *Textformatierung*.

9 Klicken Sie auf *Bild einfügen* und suchen Sie eine Bilddatei. Fügen Sie das Bild in den Formularkopf ein.

Kapitel 7

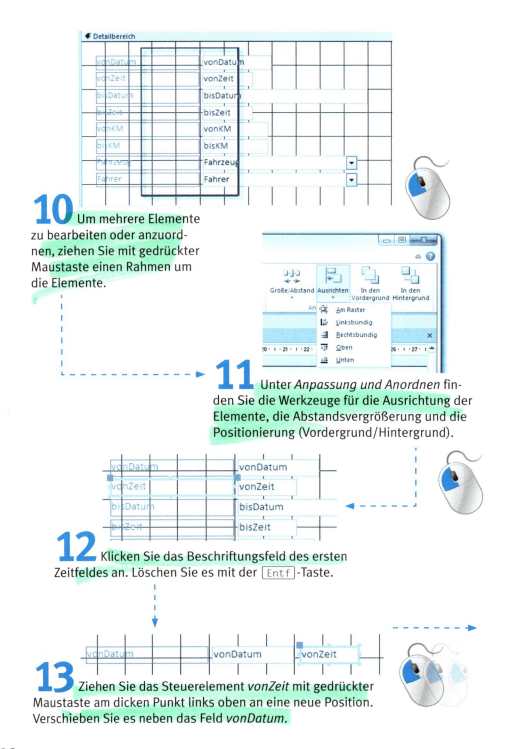

10 Um mehrere Elemente zu bearbeiten oder anzuordnen, ziehen Sie mit gedrückter Maustaste einen Rahmen um die Elemente.

11 Unter *Anpassung und Anordnen* finden Sie die Werkzeuge für die Ausrichtung der Elemente, die Abstandsvergrößerung und die Positionierung (Vordergrund/Hintergrund).

12 Klicken Sie das Beschriftungsfeld des ersten Zeitfeldes an. Löschen Sie es mit der [Entf]-Taste.

13 Ziehen Sie das Steuerelement *vonZeit* mit gedrückter Maustaste am dicken Punkt links oben an eine neue Position. Verschieben Sie es neben das Feld *vonDatum*.

232

Formulardesign mit Steuerelementen

14 Löschen Sie auch die zweite Beschreibung und setzen Sie das Zeitfeld *bisZeit* neben das Datumsfeld *bisDatum*. Ändern Sie den Textinhalt der Bezeichnungen für die Datumsfelder.

15 Ordnen Sie die Elemente auf dem Formular neu an. Fügen Sie ein neues Bezeichnungsfeld »Kilometerstand« ein und ändern Sie die Beschreibungen der Felder.

16 Speichern Sie den Formularentwurf über das Kontextmenü des Registers oder mit dem Diskettensymbol in der Symbolleiste für den Schnellzugriff.

Das Eigenschaftenblatt

Die meisten Eigenschaften eines Elements lassen sich über Symbole aus der Symbolleiste zuweisen, so zum Beispiel der Schriftgrad, die Schriftfarbe, der Schriftschnitt, Farben und Rahmen. Das *Eigenschaftenblatt* bietet neben den Verknüpfungen des Elements bis zu 100 änderbare Eigenschaften. Und es zeigt auch, woher die Daten für das Element stammen.

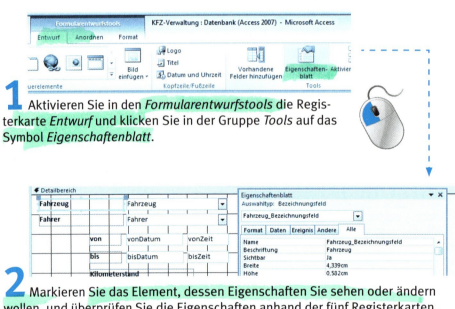

1 Aktivieren Sie in den *Formularentwurfstools* die Registerkarte *Entwurf* und klicken Sie in der Gruppe *Tools* auf das Symbol *Eigenschaftenblatt*.

2 Markieren Sie das Element, dessen Eigenschaften Sie sehen oder ändern wollen, und überprüfen Sie die Eigenschaften anhand der fünf Registerkarten.

> **Hinweis**
>
> Mit einem Doppelklick auf eine Randlinie des Elements schaltet sich das Eigenschaftenfenster ebenfalls ein.

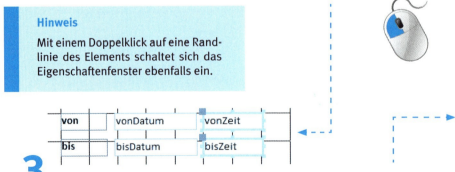

3 Die Zeitfelder bieten wie die Datumsfelder auch Kalenderelemente an, was aber keinen Sinn macht. Schalten Sie die entsprechende Eigenschaft gleich für mehrere Felder aus. Markieren Sie das erste Feld *vonZeit*, halten Sie die ⇧-Taste gedrückt und markieren Sie das zweite Zeitfeld.

Formulardesign mit Steuerelementen

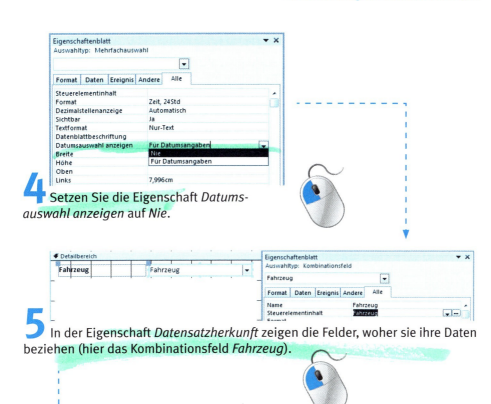

4 Setzen Sie die Eigenschaft *Datumsauswahl anzeigen* auf *Nie*.

5 In der Eigenschaft *Datensatzherkunft* zeigen die Felder, woher sie ihre Daten beziehen (hier das Kombinationsfeld *Fahrzeug*).

6 Sie können auch die Eigenschaften der einzelnen Bereiche (Formularkopf, Detailbereich) anzeigen lassen. Klicken Sie auf das Kästchen am Kreuzungspunkt der Lineale, sehen Sie die Eigenschaften des Formulars selbst.

Hinweis

Schließen Sie das Eigenschaftenblatt wieder, wenn Sie es nicht mehr brauchen. Mit einem Doppelklick auf eines der Steuerelemente oder einen Formularbereich lässt es sich schnell wieder aktivieren.

Kapitel 7

Berechnete Felder in Formularen

Formulare können Berechnungen durchführen, die im Tabellenentwurf keinen Platz haben. Dazu werden Textfelder in das Formular eingezeichnet und mit Ausdrücken versehen, die ihre Rechenkunst aus internen Funktionen beziehen.

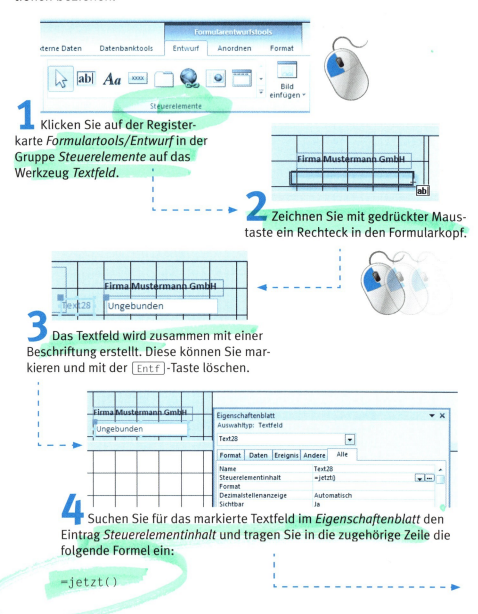

1 Klicken Sie auf der Registerkarte *Formulartools/Entwurf* in der Gruppe *Steuerelemente* auf das Werkzeug *Textfeld*.

2 Zeichnen Sie mit gedrückter Maustaste ein Rechteck in den Formularkopf.

3 Das Textfeld wird zusammen mit einer Beschriftung erstellt. Diese können Sie markieren und mit der [Entf]-Taste löschen.

4 Suchen Sie für das markierte Textfeld im *Eigenschaftenblatt* den Eintrag *Steuerelementinhalt* und tragen Sie in die zugehörige Zeile die folgende Formel ein:

```
=jetzt()
```

Berechnete Felder in Formularen

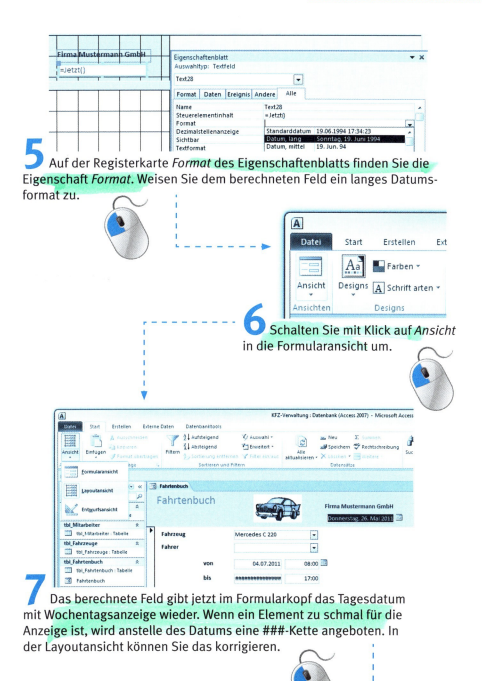

5 Auf der Registerkarte *Format* des Eigenschaftenblatts finden Sie die Eigenschaft *Format*. Weisen Sie dem berechneten Feld ein langes Datumsformat zu.

6 Schalten Sie mit Klick auf *Ansicht* in die Formularansicht um.

7 Das berechnete Feld gibt jetzt im Formularkopf das Tagesdatum mit Wochentagsanzeige wieder. Wenn ein Element zu schmal für die Anzeige ist, wird anstelle des Datums eine ###-Kette angeboten. In der Layoutansicht können Sie das korrigieren.

Kapitel 7

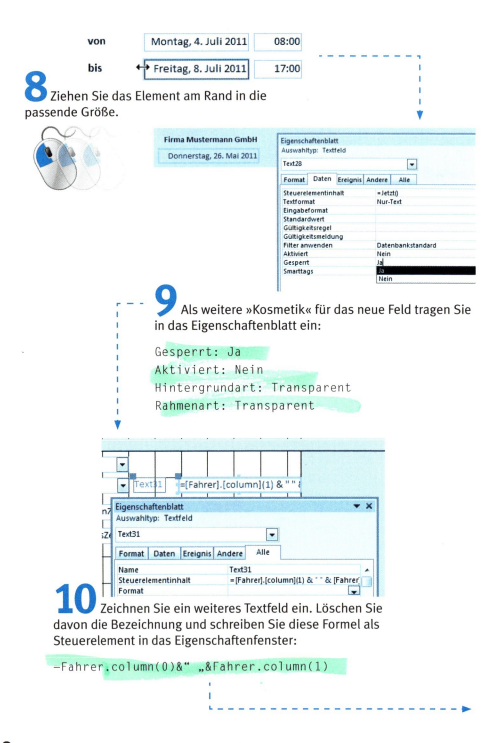

8 Ziehen Sie das Element am Rand in die passende Größe.

9 Als weitere »Kosmetik« für das neue Feld tragen Sie in das Eigenschaftenblatt ein:

```
Gesperrt: Ja
Aktiviert: Nein
Hintergrundart: Transparent
Rahmenart: Transparent
```

10 Zeichnen Sie ein weiteres Textfeld ein. Löschen Sie davon die Bezeichnung und schreiben Sie diese Formel als Steuerelement in das Eigenschaftenfenster:

```
=Fahrer.column(0)&" "&Fahrer.column(1)
```

Berechnete Felder in Formularen

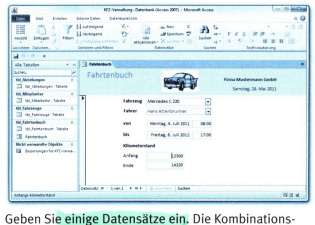

11 Verkleinern Sie das Kombinationsfeld *Fahrer* auf die Größe des Pfeils und verschieben Sie das neue Textfeld zwischen Bezeichnung und Pfeilsymbol. Jetzt sehen Sie Vorname und Name des Fahrers im Formular. Das neue Textfeld sollte auch wieder gesperrt werden.

Daten erfassen

Mithilfe der Felder und der Kombinationsfeld-Elemente, die der Formular-Assistent automatisch für die verknüpften Felder erstellt hat, können Sie jetzt die Datensätze für das Fahrtenbuch erfassen.

1 Geben Sie einige Datensätze ein. Die Kombinationsfelder öffnen Sie per Klick auf das Pfeilsymbol.

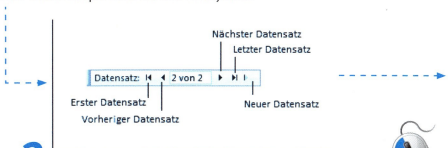

2 Schalten Sie mit dem Datensatznavigator am unteren Rand zum nächsten Datensatz und erfassen Sie weitere Daten.

Kapitel 7

3 Tragen Sie einige Datensätze ein. Die Tabelle *tbl_Fahrtenbuch* zeigt eine Übersicht über die Datensätze.

Die Datenerfassung im Formular steuern Sie mit der ⏎-Taste und mit den Pfeiltasten. Drücken Sie die ⇧-Taste, wenn Sie nach hinten oder oben springen wollen. Mit den Bild-Tasten wechseln Sie zwischen den Datensätzen vor und zurück. Um ein markiertes Feld zu bearbeiten, drücken Sie die Funktionstaste F2.

Spezialabfragen

Auch die Abfrage bietet die Gelegenheit, berechnete Felder anzulegen und damit eine erweiterte Datenbasis für Formulare und Berichte zu schaffen. Rechnen Sie beispielsweise pro Datensatz die Dauer der Dienstfahrt aus oder erstellen Sie eine Übersicht über die Anzahl gefahrener Kilometer.

1 Legen Sie über die Registerkarte *Erstellen*, Gruppe *Abfrage*, eine neue Abfrage an. Starten Sie gleich in der Entwurfsansicht.

Spezialabfragen

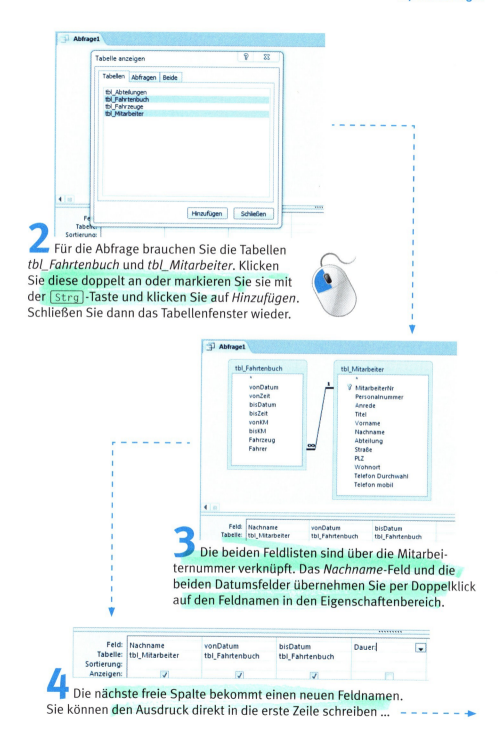

2 Für die Abfrage brauchen Sie die Tabellen *tbl_Fahrtenbuch* und *tbl_Mitarbeiter*. Klicken Sie diese doppelt an oder markieren Sie sie mit der ⌈Strg⌉-Taste und klicken Sie auf *Hinzufügen*. Schließen Sie dann das Tabellenfenster wieder.

3 Die beiden Feldlisten sind über die Mitarbeiternummer verknüpft. Das *Nachname*-Feld und die beiden Datumsfelder übernehmen Sie per Doppelklick auf den Feldnamen in den Eigenschaftenbereich.

4 Die nächste freie Spalte bekommt einen neuen Feldnamen. Sie können den Ausdruck direkt in die erste Zeile schreiben ...

5 ... oder mit ⇧+F2 das *Zoom*-Fenster öffnen und hier mit mehr Übersicht Ihre Formel konstruieren.

> **Hinweis**
>
> Schreiben Sie nach der Spaltenüberschrift, die Sie frei erfinden können, einen Doppelpunkt und verwenden Sie die beiden Felder aus der Tabelle *tbl_Fahrtenbuch* für die Formel zur Berechnung der Differenz zwischen Anfang und Ende der Fahrt. Eckige Klammern für die Feldnamen sind nur nötig, wenn diese Leerzeichen oder Sonderzeichen enthalten.
>
> ```
> Dauer:bisDatum-vonDatum+1
> ```

6 Schalten Sie über die Registerkarte *Entwurf* das Eigenschaftenblatt ein.

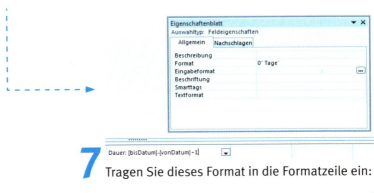

7 Tragen Sie dieses Format in die Formatzeile ein:

```
0" Tage"
```

Spezialabfragen

8 Das Ergebnis sehen Sie, wenn Sie die Abfrage ausführen oder in die Datenblattansicht umschalten.

9 Die Dauer der Dienstfahrten wird im berechneten Abfragefeld angezeigt. Das Feldformat sorgt für die korrekte Formatierung.

10 Längere Datumswerte passen nicht in die Spalte, eine ####-Kette ist die Folge. Ziehen Sie die Spaltenlinie zwischen den Feldnamen mit gedrückter Maustaste nach rechts, um die Spalte zu vergrößern.

243

11 Schalten Sie wieder zurück zum Entwurf und ändern Sie die Beschriftungen der beiden Datumsfelder. Formatieren Sie beide Felder mit dem Datumsformat *Datum lang*.

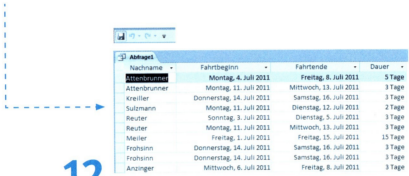

12 In der Datenblattansicht wird das Ergebnis wieder sichtbar. Speichern Sie die Abfrage per Klick auf das Diskettensymbol in der Symbolleiste für den Schnellzugriff.

13 Eine Abfrage sollte mit dem Präfix *qry* vor der Objektbezeichnung versehen werden. Das ist die übliche Kennzeichnung für Abfragen in der Access-Datenbank.

Kriterien in der Abfrage nutzen

Abfragen können auch gezielt Datensätze filtern und so einen »Extrakt« aus größeren Tabellen oder Tabellenmodellen erzeugen. Definieren Sie eine Abfrage, die nur die Dienstfahrten einer bestimmten Abteilung anzeigt.

1 Öffnen Sie die erstellte Abfrage wieder in der Entwurfsansicht.

2 Holen Sie die mit der Mitarbeitertabelle verknüpfte Tabelle *tbl_Abteilungen* in die Abfrage.

3 ... Schalten Sie in der ersten Spalte *Feld* und *Tabelle* um, geben Sie das Abteilungsfeld aus der Abteilungstabelle an.

Kapitel 7

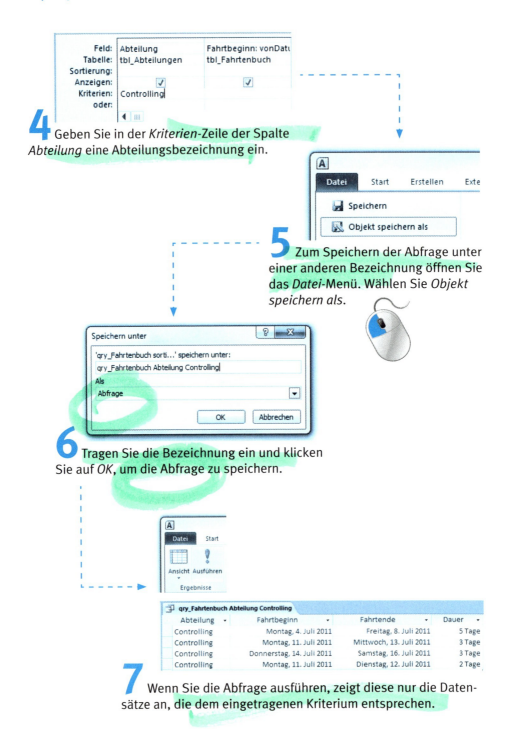

4 Geben Sie in der *Kriterien*-Zeile der Spalte *Abteilung* eine Abteilungsbezeichnung ein.

5 Zum Speichern der Abfrage unter einer anderen Bezeichnung öffnen Sie das *Datei*-Menü. Wählen Sie *Objekt speichern als*.

6 Tragen Sie die Bezeichnung ein und klicken Sie auf *OK*, um die Abfrage zu speichern.

7 Wenn Sie die Abfrage ausführen, zeigt diese nur die Datensätze an, die dem eingetragenen Kriterium entsprechen.

Spezialabfragen

Die Parameterabfrage

Dieser Abfragetyp ist besonders flexibel. Das Filterkriterium für das Abfrageergebnis kann beim Aufruf der Abfrage bestimmt werden.

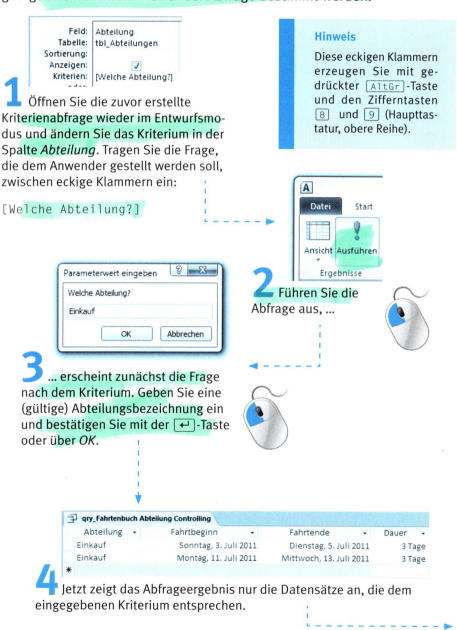

Hinweis

Diese eckigen Klammern erzeugen Sie mit gedrückter AltGr-Taste und den Zifferntasten 8 und 9 (Haupttastatur, obere Reihe).

1 Öffnen Sie die zuvor erstellte Kriterienabfrage wieder im Entwurfsmodus und ändern Sie das Kriterium in der Spalte *Abteilung*. Tragen Sie die Frage, die dem Anwender gestellt werden soll, zwischen eckige Klammern ein:

[Welche Abteilung?]

2 Führen Sie die Abfrage aus, ...

3 ... erscheint zunächst die Frage nach dem Kriterium. Geben Sie eine (gültige) Abteilungsbezeichnung ein und bestätigen Sie mit der ⏎-Taste oder über *OK*.

4 Jetzt zeigt das Abfrageergebnis nur die Datensätze an, die dem eingegebenen Kriterium entsprechen.

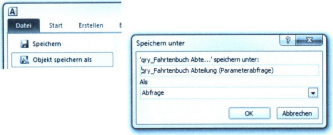

5 Speichern Sie auch diese Abfrage wieder mit *Speichern unter* aus dem *Datei*-Menü und geben Sie dabei eine passende Bezeichnung ein.

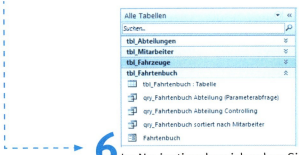

6 Im Navigationsbereich sehen Sie Ihre Abfragen in der Gruppe der Tabelle, zu der sie gehören (Ansicht *Tabellen und damit verbundene Sichten*). Sie können jede davon per Doppelklick öffnen und das entsprechende Datenblatt anzeigen lassen.

Wenn Sie den Navigationsbereich auf die Ansicht *Objekttyp* umschalten, werden die Abfragen in einer eigenen Gruppe zusammengefasst.

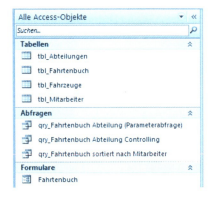

Abfragetechniken mit Summe

Für eine Liste mit den gefahrenen Kilometern pro Fahrzeug erstellen Sie wieder eine Abfrage mit den Tabellen *tbl_Fahrzeuge* und *tbl_Fahrtenbuch*. Schalten Sie über das *Summen*-Symbol die Funktionszeile hinzu.

km-Leistung pro Fahrzeug

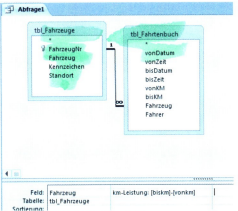

1 Tragen Sie das Feld *Fahrzeug* aus der Tabelle *tbl_Fahrzeuge* ein. In der nächsten Spalte geben Sie eine Formel ein, mit der sich die Kilometerleistung jeder einzelnen Fahrt ermitteln lässt:

```
km-Leistung: [bisKM]-[vonKM]
```

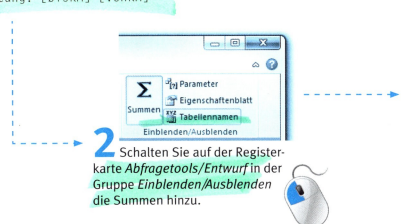

2 Schalten Sie auf der Registerkarte *Abfragetools/Entwurf* in der Gruppe *Einblenden/Ausblenden* die Summen hinzu.

Kapitel 7

3 Damit die Abfrage jedes Fahrzeug nur einmal zusammen mit der Summe der gefahrenen Kilometer auflistet, wählen Sie für das berechnete Feld die Funktion *Summe* aus.

4 Das Ergebnis: Die Kilometerleistung pro Fahrt wird summiert und für jedes Fahrzeug angezeigt.

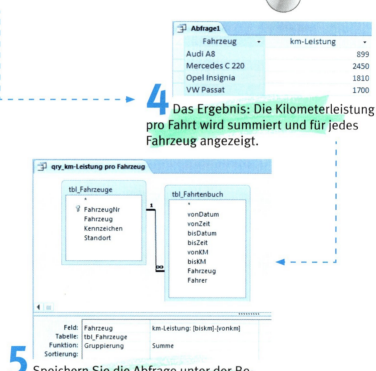

5 Speichern Sie die Abfrage unter der Bezeichnung »qry_km-Leistung pro Fahrzeug«.

Hinweis

Der aktuelle Kilometerstand aller Fahrzeuge ist einfach zu ermitteln: Die Funktionszeile bietet als Funktion auch *Min* und *Max* zur Ermittlung des kleinsten bzw. größten Wertes aller Datensätze. Der Maximalwert des *bisKM*-Feldes ist nichts anderes als der letzte Kilometerstand.

Monatliche km-Leistung

Produzieren Sie eine weitere gruppierte Abfrage mit den Feldern *vonDatum* und *km-Leistung*. Letzteres berechnet sich über die folgende Formel:

```
km-Leistung:[bisKM]-[vonKM]
```

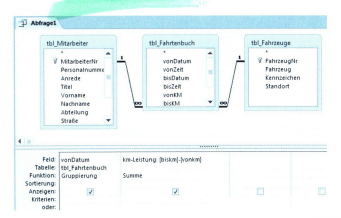

Berechnen Sie mit dem Abfrage-Generator den Monat des Datums aus dem Feld *vonDatum*:

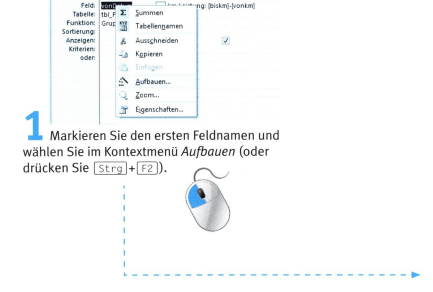

1 Markieren Sie den ersten Feldnamen und wählen Sie im Kontextmenü *Aufbauen* (oder drücken Sie [Strg]+[F2]).

Kapitel 7

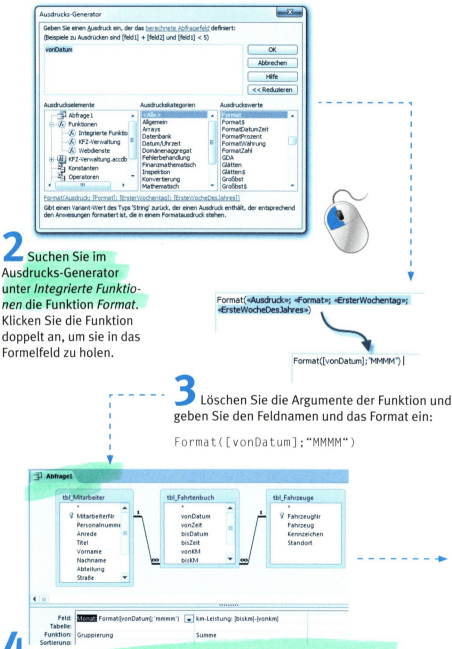

2 Suchen Sie im Ausdrucks-Generator unter *Integrierte Funktionen* die Funktion *Format*. Klicken Sie die Funktion doppelt an, um sie in das Formelfeld zu holen.

3 Löschen Sie die Argumente der Funktion und geben Sie den Feldnamen und das Format ein:

```
Format([vonDatum];"MMMM")
```

4 Schließen Sie den Abfrage-Generator mit Klick auf *OK* und ändern Sie die Beschriftung der Spalte. Geben Sie »Monat:« für den Ausdruck ein.

Datenbanken mit Excel-Tabellen verknüpfen

qry_km-Leistung pro Monat	
Monat	km-Leistung
Juli	6859

5 Führen Sie die Abfrage aus und speichern Sie das Objekt unter der Bezeichnung »qry_km-Leistung pro Monat«.

Datenbanken mit Excel-Tabellen verknüpfen

Arbeiten Sie mit Microsoft Excel? Das Tabellenkalkulationsprogramm, das mit Access zum Office-Paket gehört, versteht sich sehr gut mit Access-Datenbanken. Tabellen lassen sich von Access nach Excel exportieren und umgekehrt mit einer Datenbank verknüpfen. Berechnen Sie beispielsweise die Fahrtkosten und den Durchschnittsverbrauch in Verbindung mit einer Excel-Tabelle, in der die Tankbelege aufgelistet werden.

Im ersten Schritt exportieren Sie die Fahrzeugtabelle aus der KFZ-Verwaltung nach Excel und tragen die Kosten aus den Tankbelegen ein.

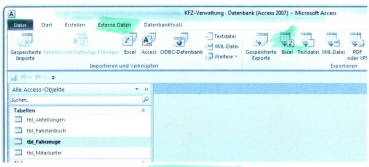

1 Markieren Sie die Tabelle *tbl_Fahrzeuge* im Navigationsbereich und klicken Sie auf der Registerkarte *Externe Daten* in der Gruppe *Exportieren* auf das *Excel*-Symbol.

Kapitel 7

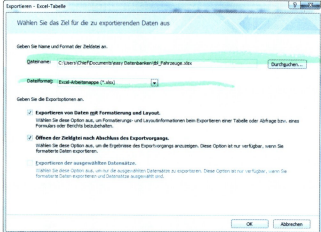

2 Bestimmen Sie den **Zielordner für die** zu exportierende Datei, aktivieren Sie die beiden Kontrollkästchen entsprechend der Abbildung und klicken Sie auf *OK*.

Hinweis

Mit einem Klick auf *Durchsuchen* können Sie den vorgeschlagenen Zielordner ändern.

3 Nach **Abschluss des Datenexports** können Sie auf Wunsch die Exportschritte speichern. Klicken Sie auf *Schließen*.

Datenbanken mit Excel-Tabellen verknüpfen

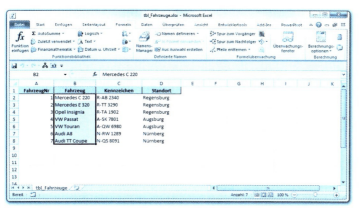

4 Die Tabelle wird im Excel-Format als Arbeitsmappe exportiert und gleich in Excel aktiviert. Markieren Sie die Fahrzeugliste im Bereich B2:B8.

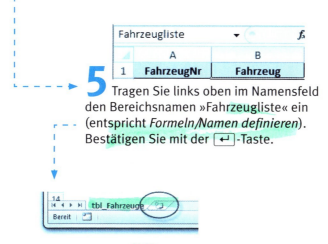

5 Tragen Sie links oben im Namensfeld den Bereichsnamen »Fahrzeugliste« ein (entspricht *Formeln/Namen definieren*). Bestätigen Sie mit der ⏎-Taste.

6 Fügen Sie per Klick auf das Symbol unten rechts im Tabellenregister ein neues Tabellenblatt in die Mappe ein, klicken Sie das neue Register doppelt an und nennen Sie es »Tankbelege«.

255

Kapitel 7

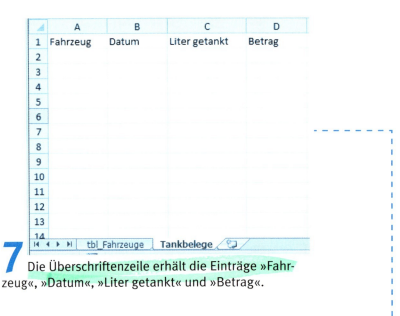

7 Die Überschriftenzeile erhält die Einträge »Fahrzeug«, »Datum«, »Liter getankt« und »Betrag«.

8 Markieren Sie die gesamte Spalte A und wählen Sie *Daten/Datentools/Datenüberprüfung*.

Datenbanken mit Excel-Tabellen verknüpfen

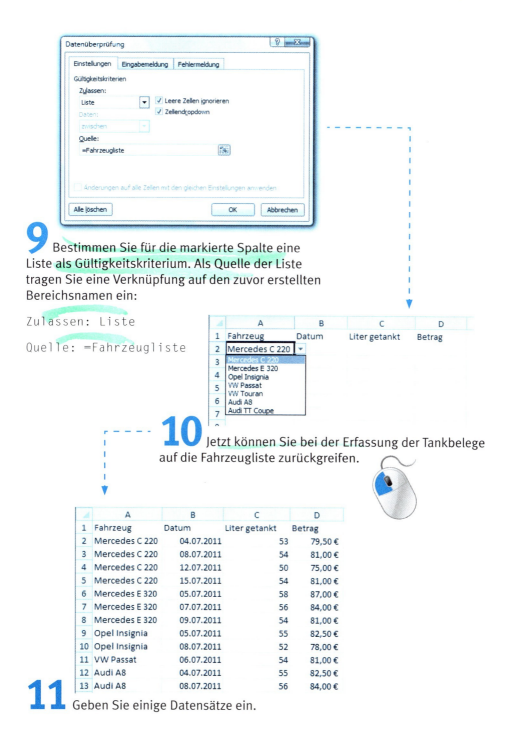

9 Bestimmen Sie für die markierte Spalte eine Liste als Gültigkeitskriterium. Als Quelle der Liste tragen Sie eine Verknüpfung auf den zuvor erstellten Bereichsnamen ein:

Zulassen: Liste

Quelle: =Fahrzeugliste

10 Jetzt können Sie bei der Erfassung der Tankbelege auf die Fahrzeugliste zurückgreifen.

	A	B	C	D
1	Fahrzeug	Datum	Liter getankt	Betrag
2	Mercedes C 220	04.07.2011	53	79,50 €
3	Mercedes C 220	08.07.2011	54	81,00 €
4	Mercedes C 220	12.07.2011	50	75,00 €
5	Mercedes C 220	15.07.2011	54	81,00 €
6	Mercedes E 320	05.07.2011	58	87,00 €
7	Mercedes E 320	07.07.2011	56	84,00 €
8	Mercedes E 320	09.07.2011	54	81,00 €
9	Opel Insignia	05.07.2011	55	82,50 €
10	Opel Insignia	08.07.2011	52	78,00 €
11	VW Passat	06.07.2011	54	81,00 €
12	Audi A8	04.07.2011	55	82,50 €
13	Audi A8	08.07.2011	56	84,00 €

11 Geben Sie einige Datensätze ein.

Tabelle für Verknüpfung vorbereiten

Die Excel-Tabelle müssen Sie ein wenig präparieren, bevor Sie die Verknüpfung mit Access einleiten.

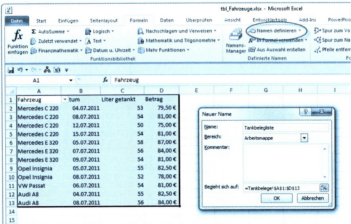

1 Damit die Liste der Tankbelege mit der Access-Datenbank verknüpfbar ist, markieren Sie den Bereich und weisen ihm einen Bereichsnamen zu, beispielsweise »Tankbelegliste«.

Hinweis

Sie können den Bereichsnamen in das Namensfeld schreiben. Wenn Sie den Bereich aber erneut benennen möchten, müssen Sie den Befehl im Menüband benutzen. Wählen Sie *Formeln/Definierte Namen/Namen definieren*.

2 Jetzt muss die Mappe noch gespeichert werden. Wählen Sie den Befehl *Speichern unter* aus dem *Datei*-Menü.

Datenbanken mit Excel-Tabellen verknüpfen

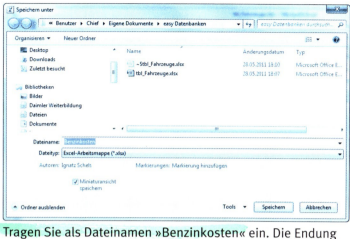

3 Tragen Sie als Dateinamen »Benzinkosten« ein. Die Endung *XLSX* fügt Excel automatisch hinzu, wenn Sie auf *Speichern* klicken.

4 Schließen Sie die Arbeitsmappe und das Programmfenster von Excel per Klick auf das Schließen-Kästchen.

Excel-Tabelle verknüpfen

Im nächsten Schritt verknüpfen Sie die Tabelle wieder mit der Datenbank. So kann die Erfassung der Tankbelege weiter in Excel bleiben, die verknüpfte Tabelle liefert zuverlässig die Tankkosten an die Datenbank.

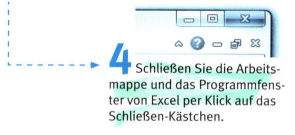

1 Aktivieren Sie Access mit der aktuellen Datenbank und wählen Sie *Externe Daten/Importieren und Verknüpfen/Excel*.

259

Kapitel 7

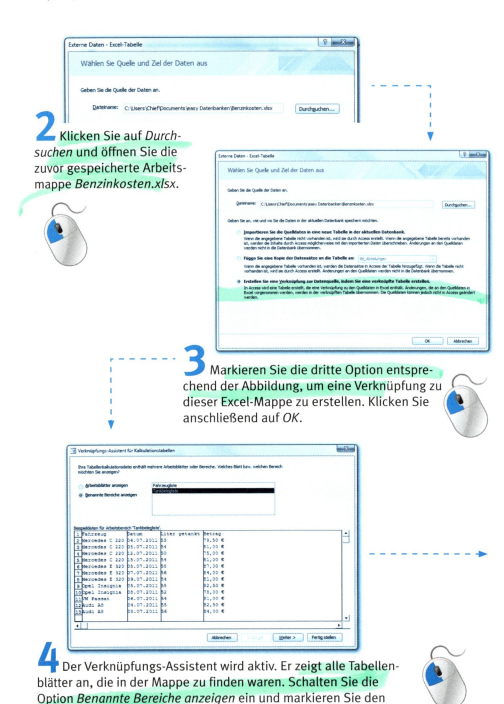

2 Klicken Sie auf *Durchsuchen* und öffnen Sie die zuvor gespeicherte Arbeitsmappe *Benzinkosten.xlsx*.

3 Markieren Sie die dritte Option entsprechend der Abbildung, um eine Verknüpfung zu dieser Excel-Mappe zu erstellen. Klicken Sie anschließend auf *OK*.

4 Der Verknüpfungs-Assistent wird aktiv. Er zeigt alle Tabellenblätter an, die in der Mappe zu finden waren. Schalten Sie die Option *Benannte Bereiche anzeigen* ein und markieren Sie den Eintrag *Tankbelegliste*. Klicken Sie anschließend auf *Weiter*.

Datenbanken mit Excel-Tabellen verknüpfen

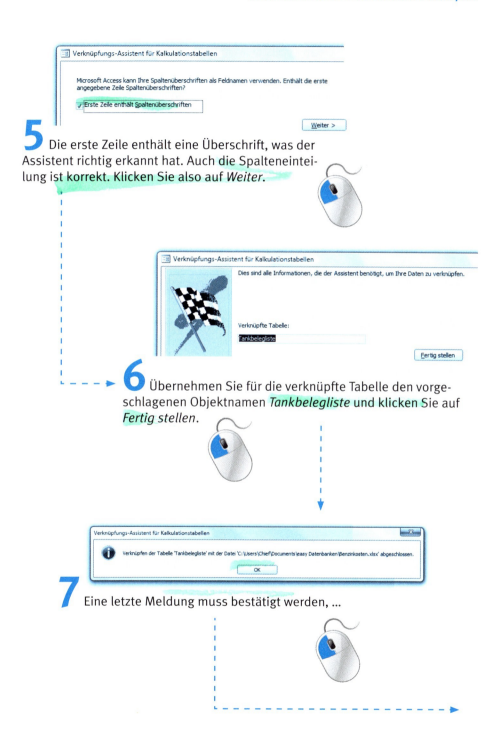

5 Die erste Zeile enthält eine Überschrift, was der Assistent richtig erkannt hat. Auch die Spalteneinteilung ist korrekt. Klicken Sie also auf *Weiter*.

6 Übernehmen Sie für die verknüpfte Tabelle den vorgeschlagenen Objektnamen *Tankbelegliste* und klicken Sie auf *Fertig stellen*.

7 Eine letzte Meldung muss bestätigt werden, ...

261

Kapitel 7

8 ... dann steht die verknüpfte Liste in der Tabellenliste im Navigationsbereich zur Verfügung.

Abfragen mit Excel-Tabellen

Sie können die verknüpfte Excel-Tabelle wie jedes Tabellenobjekt als Basis für Formulare, Berichte und Abfragen verwenden. Änderungen an den Daten nehmen Sie aber nur in Excel vor, die Access-Verknüpfung registriert diese automatisch, sobald die Excel-Datei gespeichert wird.

Achten Sie darauf, dass die Tabelle immer im jeweils anderen Programm geschlossen ist, wenn Sie damit arbeiten wollen, sonst erhalten Sie einen Zugriffsfehler.

1 Wählen Sie auf der Registerkarte *Erstellen* in der Gruppe *Abfragen* das Symbol *Abfrageentwurf* und erstellen Sie damit eine neue Abfrage in der Entwurfsansicht.

Abfragen mit Excel-Tabellen

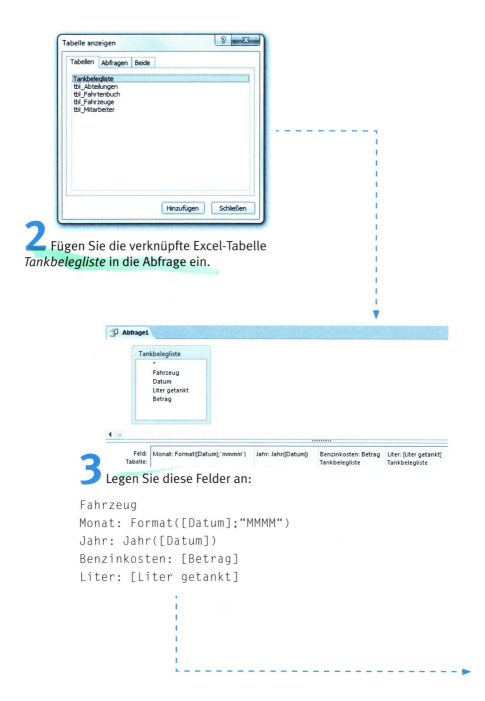

2 Fügen Sie die verknüpfte Excel-Tabelle *Tankbelegliste* in die Abfrage ein.

3 Legen Sie diese Felder an:

```
Fahrzeug
Monat: Format([Datum];"MMMM")
Jahr: Jahr([Datum])
Benzinkosten: [Betrag]
Liter: [Liter getankt]
```

Kapitel 7

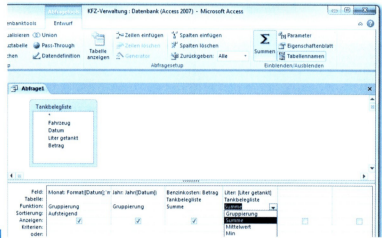

4 Schalten Sie die Summenzeile hinzu und summieren Sie die beiden letzten Felder. Sortieren Sie die Monatsspalte noch und speichern Sie die Abfrage anschließend unter *qry_Benzinkosten*.

5 Speichern Sie die Abfrage unter der Bezeichnung »qry_Benzinkosten« ab und führen Sie sie aus.

km-Leistung pro Fahrzeug und Monat

Im Abfrageentwurf können Sie auch Abfragen in Abfragen einbinden. Mit dieser Technik der »verschachtelten« Abfragen wird die Datenbankmodellierung in Access besonders interessant.

Die nächste Abfrage können Sie aus einer bereits bestehenden Abfrage entwickeln.

Abfragen mit Excel-Tabellen

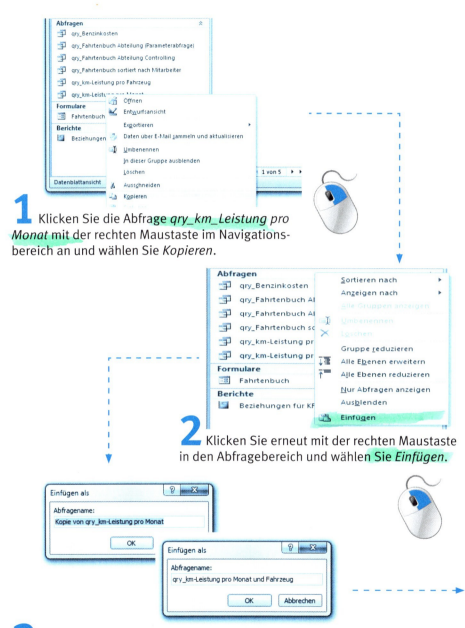

1 Klicken Sie die Abfrage *qry_km_Leistung pro Monat* mit der rechten Maustaste im Navigationsbereich an und wählen Sie *Kopieren*.

2 Klicken Sie erneut mit der rechten Maustaste in den Abfragebereich und wählen Sie *Einfügen*.

3 Geben Sie eine neue Bezeichnung ein, überschreiben Sie den Vorschlag damit:

```
qry_km-Leistung pro Monat und Fahrzeug
```

265

Kapitel 7

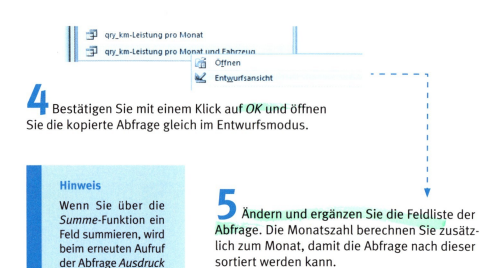

4 Bestätigen Sie mit einem Klick auf *OK* und öffnen Sie die kopierte Abfrage gleich im Entwurfsmodus.

> **Hinweis**
>
> Wenn Sie über die *Summe*-Funktion ein Feld summieren, wird beim erneuten Aufruf der Abfrage *Ausdruck* als Funktion eingetragen, und die Summe steht in der Feldnamenzeile.

5 Ändern und ergänzen Sie die Feldliste der Abfrage. Die Monatszahl berechnen Sie zusätzlich zum Monat, damit die Abfrage nach dieser sortiert werden kann.

```
Jahr: Jahr([vonDatum])
Monat: Format([vonDatum];"MMMM")
Monatszahl: Monat([vonDatum])
Fahrzeug
km-Leistung: Summe([biskm]-[vonkm])
```

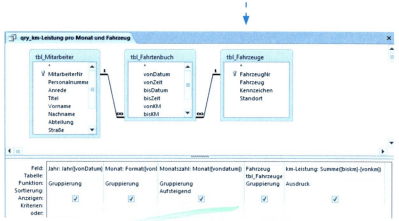

6 Tragen Sie im Feld *Jahr* die Jahreszahl in die *Kriterien*-Zeile ein und sortieren Sie die Monatszahl aufsteigend.

Abfragen mit Excel-Tabellen

Eine Abfrage über zwei Abfragen

Erstellen Sie jetzt eine Abfrage, die die beiden Abfragen *qry_Benzinkosten* (aus den Excel-Daten) und *qry_km-Leistung pro Monat und Fahrzeug* verbindet.

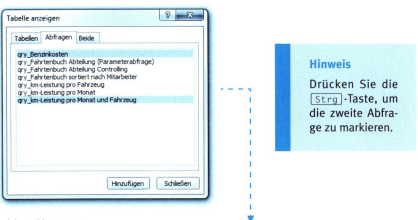

> **Hinweis**
>
> Drücken Sie die ⌜Strg⌝-Taste, um die zweite Abfrage zu markieren.

 1 Wählen Sie unter *Erstellen/Abfragen* den Abfrageentwurf. Schalten Sie um auf das Register *Abfragen* und markieren Sie die beiden Abfragen *qry_Benzinkosten* und *qry_km-Leistung pro Monat und Fahrzeug*.

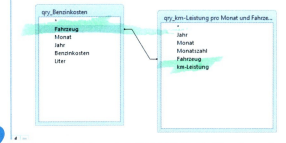

2 Die beiden Abfragen müssen manuell verknüpft werden. Markieren Sie dazu das *Fahrzeug*-Feld aus der ersten Abfrage und ziehen Sie es auf das gleichnamige Feld der zweiten Abfrage.

> **Hinweis**
>
> Ein Doppelklick auf die Linie gibt Ihnen die Möglichkeit, die Verknüpfungsart zu ändern. Sie können auch mehrere Felder miteinander verknüpfen.

Kapitel 7

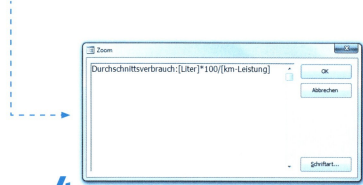

3 Ziehen Sie die Felder *Fahrzeug*, *Monat* und *km-Leistung* in den Abfragebereich und gruppieren/summieren Sie sie über die *Funktion*-Zeile. Benennen Sie das Summenfeld um.

4 Legen Sie in der nächsten freien Spalte ein neues Feld an, drücken Sie ⇧+F2 für das *Zoom*-Fenster und geben Sie die Formel zur Berechnung des Durchschnittsverbrauchs ein:

```
Durchschnittsverbrauch: [Liter]*100/[km-Leistung]
```

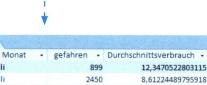

5 Klicken Sie auf das *Ausführen*-Symbol, um das Ergebnis der Abfrage anzuzeigen, und speichern Sie diese per Klick auf das Diskettensymbol unter der Bezeichnung »qry_Durchschnittsverbrauch«.

> **Hinweis**
>
> Nutzen Sie die Access-Funktion RUNDEN(), um das Ergebnis auf zwei Nachkommastellen zu runden:
>
> ```
> Durchschnittsverbrauch: Runden([Liter]*100/[km-Leistung];2)
> ```
>
> Sie können auch das Zahlenformat nutzen. Legen Sie im Eigenschaftsblatt ein Format für die Spalte fest, mit dem das Ergebnis gerundet und mit einem Text versehen wird:
>
> ```
> 0,00" l/100 km"
> ```

Kleine Erfolgskontrolle

Testen Sie Ihr Wissen an diesem Ausfülltext und tragen Sie die fehlenden Begriffe in die Lücken ein:

Für das Formulardesign bietet das Menüband in der Entwurfsansicht die beiden zusätzlichen Registerkarten _____ (1) und *Anordnen*. Für ein Steuerelement, das eine Formel enthalten soll, erstellen Sie ein _____ (2) und schreiben die Formel im Eigenschaftsblatt in die Zeile _____ (3). Im Abfrageentwurf öffnen Sie das *Zoom*-Fenster in der Feldnamenzeile mit _____ (4). Um eine Abfrage zu filtern, wird der Filterausdruck in die _____ (5) geschrieben, für Parameterabfragen steht dieser Ausdruck in _____ (6). Um eine Tabelle an Excel zu übergeben, klicken Sie auf der Registerkarte _____ in der Gruppe *Exportieren* auf das *Excel*-Symbol. Importiert wird eine Excel-Tabelle über _____ (8). Excel-Tabellen werden wie alle Tabellen im Navigationsbereich angezeigt. Nur das _____ (9) weist auf die Herkunft aus Excel hin. Im Abfrageentwurf können Sie neben Tabellen und Abfragen aus Access auch Excel-Tabellen verwenden. Verknüpft werden die Felder einfach im Abfrageentwurf durch _____ (10) einer Linie zwischen den Verknüpfungsfeldern.

Das können Sie schon

Datenbankentwurf und relationale Verknüpfungen	56, 124
Formulare und Berichte entwerfen	142, 202
Berechnete Felder in Abfragen und Formulare einfügen	236
Datenexport und -import mit Microsoft Excel	253

Das lernen Sie neu

m:n-Beziehungen	276
Schaltflächen in Formulare einziehen	278
Formulare und Unterformulare verbinden	282
Aktualisierungs- und Löschabfragen	290
Etikettenberichte erstellen	295
Serienbriefe in Word anlegen	299

Kapitel 8

Vereinsverwaltung

Für eine Vereinsverwaltung ist eine gut durchdachte Datenbankstruktur ebenso wichtig wie funktionelle Abfragen und Berichte. In diesem Kapitel werden Sie brauchbare Ideen dafür entwickeln und einige Spezialtechniken zu Formularen, Abfragen und Berichten kennenlernen.

Kapitel 8

Vereinsdatenbank entwerfen

Für Ihre Datenbank brauchen Sie natürlich Tabellen, und diese sollten nach dem Prinzip der Normalisierung so aufgebaut sein, dass keine redundanten Daten gespeichert werden. Legen Sie die Tabellenentwürfe fest und sorgen Sie für korrekte relationale Beziehungen.

Datenbank, erste Tabelle und Smarttags

Legen Sie eine neue Datenbank an und entwerfen Sie die ersten Tabellen. Der Tabellen-Assistent bietet viele Feldlisten als Auswahlhilfen an, Sie können aber auch ganz normal in der Entwurfsansicht arbeiten.

1 Starten Sie Access über das Windows-Startmenü oder über das Symbol in der Schnellstartleiste.

2 Verwenden Sie im *Datei*-Menü die Vorlage *Leere Datenbank* ...

3 ... und legen Sie eine neue Datenbank mit dem Dateinamen »Vereinsverwaltung.accdb« an.

Vereinsdatenbank entwerfen

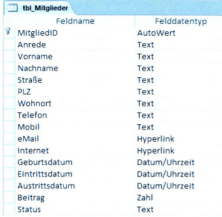

Hinweis

Das Feld *Beitrag* ist kein Währungsfeld, sondern wird für eine spätere Verknüpfung mit dem Felddatentyp *Zahl* angelegt.

4 Beginnen Sie gleich mit dem ersten Tabellenentwurf, der Mitgliedertabelle. Das erste Feld erhält den Typ *AutoWert* und wird mit einem Primärschlüssel indiziert. Für die Anrede fügen Sie eine Werteliste ein (Herr;Frau). Übernehmen Sie die übrigen Datentypen wie im Bild zu sehen.

5 Das *Nachname*-Feld wird mit besonderem Komfort ausgestattet: Durch Zuweisung eines Smarttags steht bei der Erfassung der Daten ein Menü mit weiteren Funktionen zur Auswahl. Klicken Sie auf das Symbol rechts an der Feldeigenschaft *Smarttags*.

273

Kapitel 8

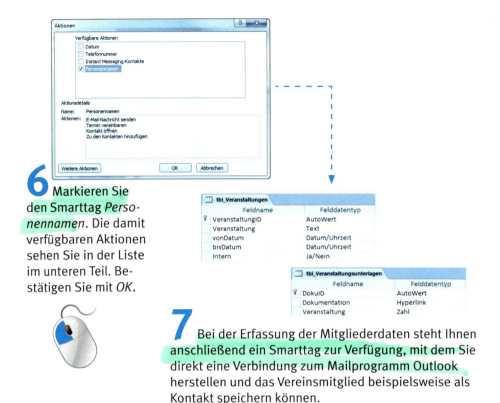

6 Markieren Sie den Smarttag *Personennamen*. Die damit verfügbaren Aktionen sehen Sie in der Liste im unteren Teil. Bestätigen Sie mit *OK*.

7 Bei der Erfassung der Mitgliederdaten steht Ihnen anschließend ein Smarttag zur Verfügung, mit dem Sie direkt eine Verbindung zum Mailprogramm Outlook herstellen und das Vereinsmitglied beispielsweise als Kontakt speichern können.

Weitere Tabellen

Mit den nächsten beiden Tabellen verwalten Sie die Veranstaltungen im Verein (Sportwettkämpfe, Feste etc.).

1 Zur Verwaltung von Veranstaltungen legen Sie eine Tabelle mit Veranstaltungsdaten an und eine weitere Tabelle, in der die Dokumentationen (zum Beispiel Einladung, Festheft, Werbung, Abrechnung etc.) gespeichert sind. Diese Unterlagentabelle bekommt ein *Hyperlink*-Feld und mit dem Nachschlage-Assistenten eine Verknüpfung auf die VeranstaltungsID.

Vereinsdatenbank entwerfen

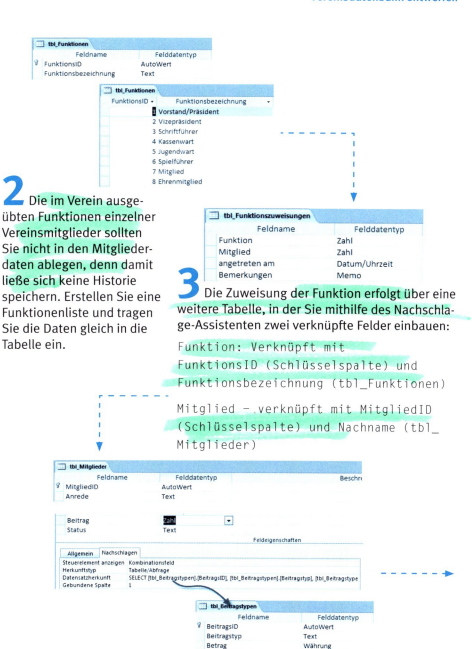

2 Die im Verein ausgeübten Funktionen einzelner Vereinsmitglieder sollten Sie nicht in den Mitgliederdaten ablegen, denn damit ließe sich keine Historie speichern. Erstellen Sie eine Funktionenliste und tragen Sie die Daten gleich in die Tabelle ein.

3 Die Zuweisung der Funktion erfolgt über eine weitere Tabelle, in der Sie mithilfe des Nachschlage-Assistenten zwei verknüpfte Felder einbauen:

```
Funktion: Verknüpft mit
FunktionsID (Schlüsselspalte) und
Funktionsbezeichnung (tbl_Funktionen)

Mitglied – verknüpft mit MitgliedID
(Schlüsselspalte) und Nachname (tbl_
Mitglieder)
```

4 Auch die Beiträge werden nicht fest »verdrahtet«, sondern über eine weitere Tabelle *tbl_Beitragstypen* verwaltet und mit dem *Betrag*-Feld in der Mitgliedertabelle verknüpft.

Kapitel 8

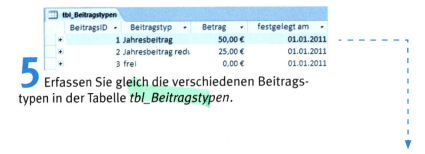

5 Erfassen Sie gleich die verschiedenen Beitragstypen in der Tabelle *tbl_Beitragstypen*.

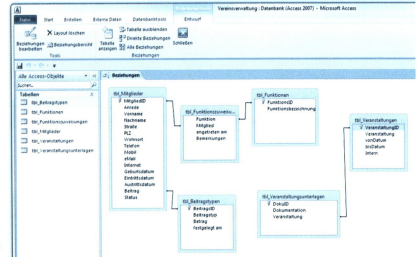

6 Und so sehen die Beziehungen schließlich aus. Aktivieren Sie das Fenster über die Registerkarte *Datenbanktools* in der Gruppe *Einblenden/Ausblenden* mit einem Klick auf *Beziehungen*.

Formulare gestalten

Erstellen Sie Erfassungsformulare für die einzelnen Tabellen, am besten mit dem Formular-Assistenten. Sie finden ihn auf der Registerkarte *Erstellen* in der Gruppe *Formulare*.

Formulare gestalten

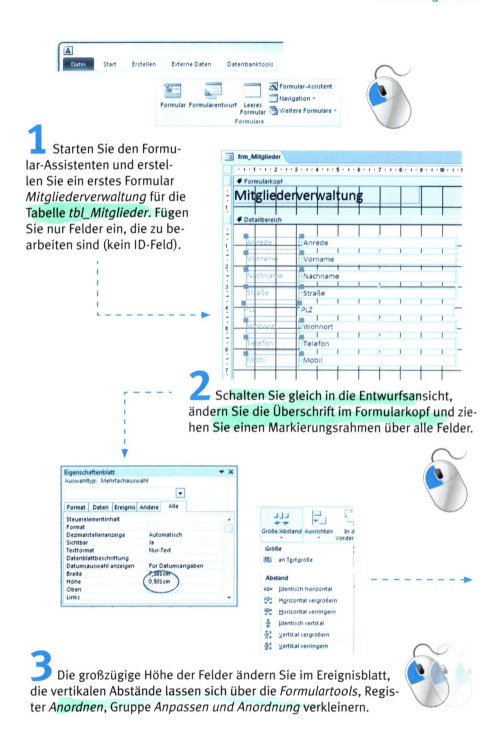

1 Starten Sie den Formular-Assistenten und erstellen Sie ein erstes Formular *Mitgliederverwaltung* für die Tabelle *tbl_Mitglieder*. Fügen Sie nur Felder ein, die zu bearbeiten sind (kein ID-Feld).

2 Schalten Sie gleich in die Entwurfsansicht, ändern Sie die Überschrift im Formularkopf und ziehen Sie einen Markierungsrahmen über alle Felder.

3 Die großzügige Höhe der Felder ändern Sie im Ereignisblatt, die vertikalen Abstände lassen sich über die *Formulartools*, Register *Anordnen*, Gruppe *Anpassen und Anordnung* verkleinern.

Kapitel 8

4 Über das Eigenschaftenblatt weisen Sie den markierten Elementen Hintergrundfarben und andere Eigenschaften zu. Schalten Sie in allen Textfeldern die Bildlaufleisten aus.

So sieht das fertige Formular mit freier Anordnung der Elemente aus.

Schaltfläche einzeichnen

Ihre Formulare werden komfortabler und einfacher in der Bedienung, wenn Sie mit Schaltflächen arbeiten. Fügen Sie in Ihre Mitgliederverwaltung eine Schaltfläche zum Schließen des Formulars ein.

Formulare gestalten

1 Öffnen Sie das Formular aus dem Navigationsbereich in der Entwurfsansicht.

2 Klicken Sie auf der Registerkarte *Entwurf* in der Gruppe *Steuerelemente* auf *Schaltfläche* ...

3 ... und zeichnen Sie am unteren Rand der Formularfläche mit gedrückter Maustaste ein Rechteck ein.

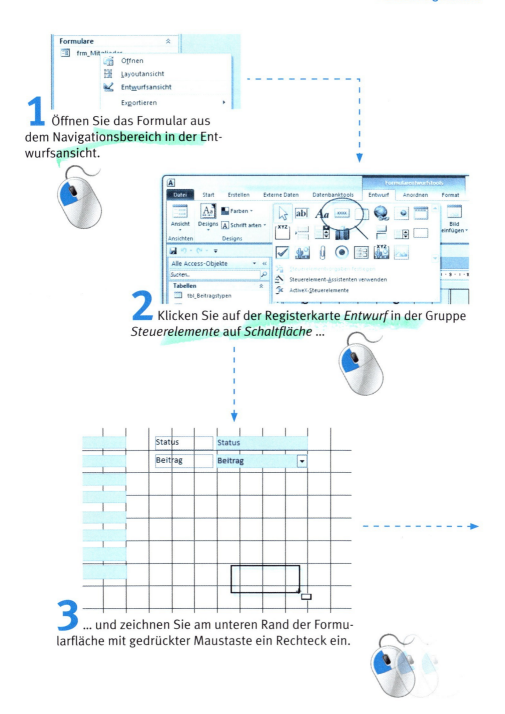

Kapitel 8

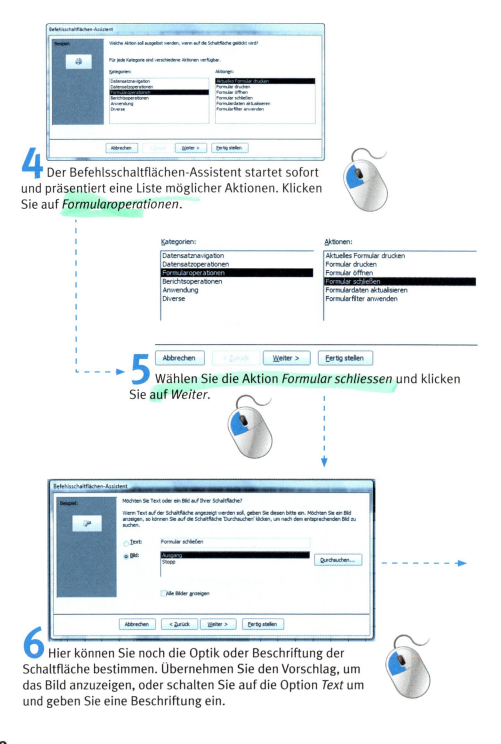

4 Der Befehlsschaltflächen-Assistent startet sofort und präsentiert eine Liste möglicher Aktionen. Klicken Sie auf *Formularoperationen*.

5 Wählen Sie die Aktion *Formular schliessen* und klicken Sie auf *Weiter*.

6 Hier können Sie noch die Optik oder Beschriftung der Schaltfläche bestimmen. Übernehmen Sie den Vorschlag, um das Bild anzuzeigen, oder schalten Sie auf die Option *Text* um und geben Sie eine Beschriftung ein.

280

Formulare gestalten

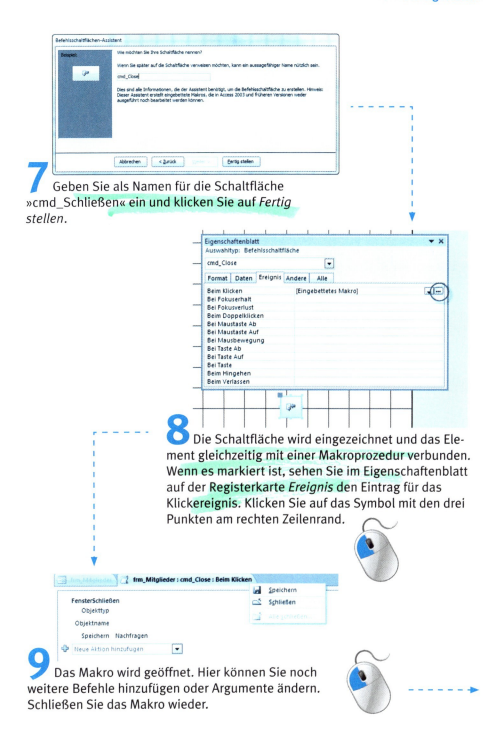

7 Geben Sie als Namen für die Schaltfläche »cmd_Schließen« ein und klicken Sie auf *Fertig stellen*.

8 Die Schaltfläche wird eingezeichnet und das Element gleichzeitig mit einer Makroprozedur verbunden. Wenn es markiert ist, sehen Sie im Eigenschaftsblatt auf der Registerkarte *Ereignis* den Eintrag für das Klickereignis. Klicken Sie auf das Symbol mit den drei Punkten am rechten Zeilenrand.

9 Das Makro wird geöffnet. Hier können Sie noch weitere Befehle hinzufügen oder Argumente ändern. Schließen Sie das Makro wieder.

281

Kapitel 8

10 Schalten Sie in die Formularansicht um. Die Schaltfläche wird rechts unten angeboten. Ein Klick darauf startet das Makro, und dieses schließt das Formular.

11 Zeichnen Sie mithilfe des Assistenten weitere nützliche Schaltflächen ein, zum Beispiel für die Datensatznavigation oder Datensatzoperationen.

Formulare und Unterformulare

Formulare, die mit Unterformularen kombiniert sind, bieten sehr viel Komfort. Sie können gleich Daten in mehrere Tabellen erfassen. Mit dem *Formular*-Symbol sind solche Formulare schnell produziert. Legen Sie ein Formular für Veranstaltungen an mit einem Unterformular, in dem die Unterlagen gespeichert werden.

Formulare gestalten

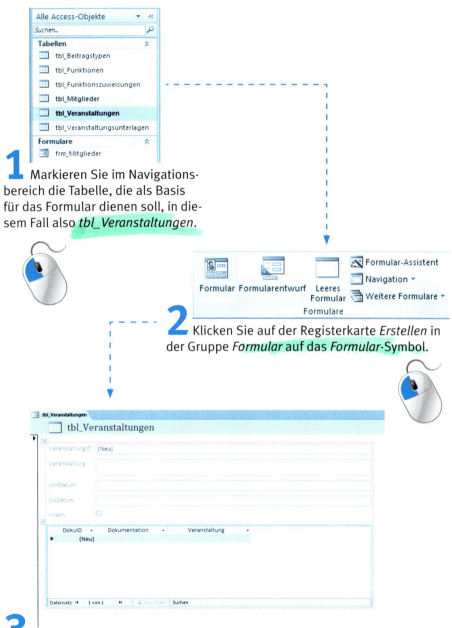

1 Markieren Sie im Navigationsbereich die Tabelle, die als Basis für das Formular dienen soll, in diesem Fall also *tbl_Veranstaltungen*.

2 Klicken Sie auf der Registerkarte *Erstellen* in der Gruppe *Formular* auf das *Formular*-Symbol.

3 Das Formular wird sofort für *tbl_Veranstaltungen* erstellt, für die verknüpfte Tabelle *tbl_Veranstaltungsunterlagen* steht ein Unterformular bereit.

4 Schalten Sie über das Kontextmenü des Registerreiters in die Entwurfsansicht und ändern Sie die Beschriftung und die Anordnung der Elemente. Speichern Sie das Formular unter der Bezeichnung »frm_Veranstaltungen«.

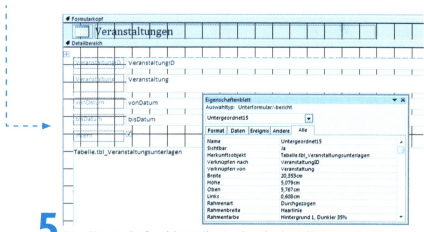

5 Das Eigenschaftenblatt gibt Auskunft über die Datenbasis des Unterformulars, das in einem Objektelement untergebracht ist.

6 Erfassen Sie den ersten Datensatz im Hauptformular.

Formulare gestalten

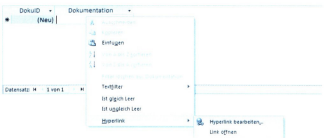

7 Klicken Sie mit der rechten Maustaste in das zweite Feld des Unterformulars. Mit dem Untermenübefehl *Hyperlink/Hyperlink bearbeiten* erstellen Sie einen neuen Hyperlink.

8 Suchen Sie die Datei, die Sie verknüpfen wollen, und klicken Sie auf *OK*, um den Link einzufügen.

9 Der Hyperlink wird mit dem Datensatz gespeichert, Sie können weitere Links in das Unterformular einbinden oder zum nächsten Satz des Hauptformulars schalten.

285

Kapitel 8

Ein Formular für Funktionszuweisungen

Die Funktionäre unter den Mitgliedern müssen als Nächstes ihre Funktionen zugeteilt bekommen. Unser Datenbankmodell sieht keine Speicherung der Funktion in den Mitgliederdaten vor, eine m:n-Beziehung (m = Mitgliedertabelle, n = Funktionen) stellt sicher, dass auch früher zugewiesene Funktionen erhalten bleiben.

1 Um den Mitgliedern Funktionen zuzuweisen, erstellen Sie zunächst ein Formular für die Tabelle *tbl_Funktionszuweisungen*.

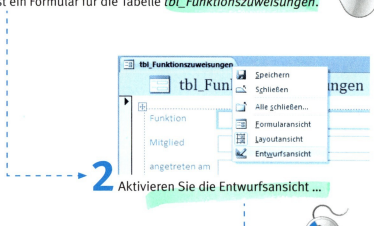

2 Aktivieren Sie die Entwurfsansicht ...

Formulare gestalten

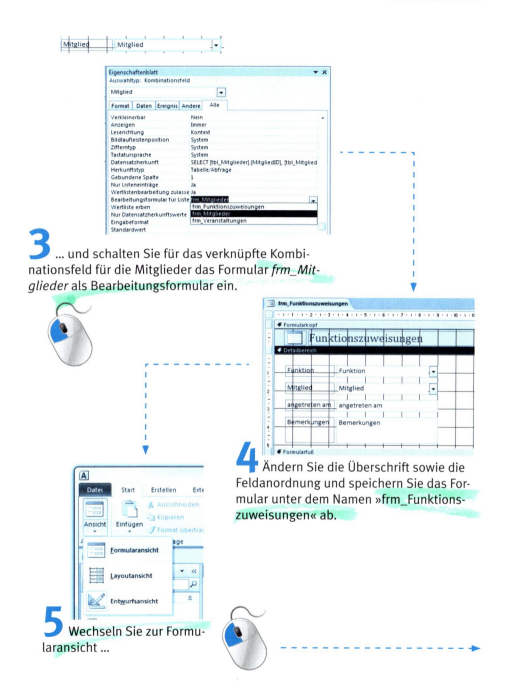

3 ... und schalten Sie für das verknüpfte Kombinationsfeld für die Mitglieder das Formular *frm_Mitglieder* als Bearbeitungsformular ein.

4 Ändern Sie die Überschrift sowie die Feldanordnung und speichern Sie das Formular unter dem Namen »frm_Funktionszuweisungen« ab.

5 Wechseln Sie zur Formularansicht ...

287

Kapitel 8

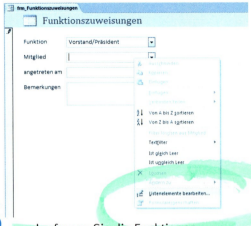

6 ... und erfassen Sie die Funktionen. Mitglieder, die noch nicht erfasst sind, holen Sie über *Listenelemente bearbeiten* aus dem Kontextmenü des Feldes in den Datensatz.

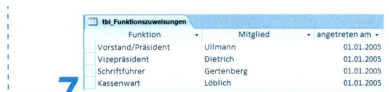

7 Tragen Sie die Datensätze ein, weisen Sie den Mitgliedern den Status »Mitglied« zu und den Funktionären ihre Funktionen aus der Tabelle *tbl_Funktionen*.

Abfrage mit 1:n-Verknüpfung

1 Erstellen Sie eine neue Abfrage über den Abfrageentwurf der Registerkarte *Erstellen*.

288

Formulare gestalten

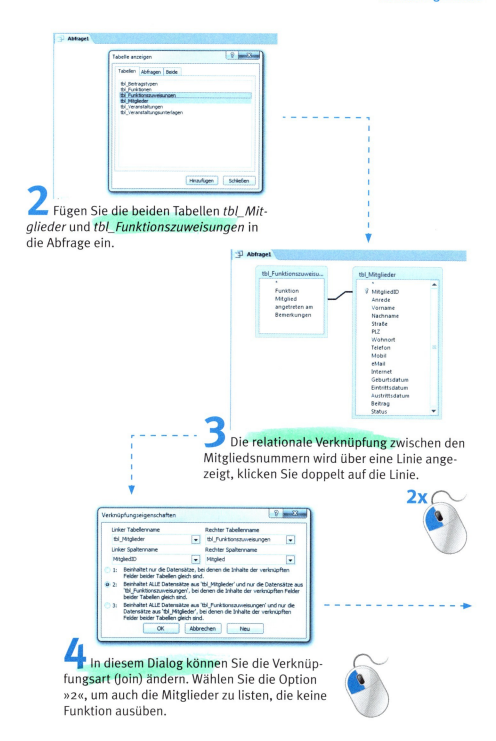

2 Fügen Sie die beiden Tabellen *tbl_Mitglieder* und *tbl_Funktionszuweisungen* in die Abfrage ein.

3 Die relationale Verknüpfung zwischen den Mitgliedsnummern wird über eine Linie angezeigt, klicken Sie doppelt auf die Linie.

4 In diesem Dialog können Sie die Verknüpfungsart (Join) ändern. Wählen Sie die Option »2«, um auch die Mitglieder zu listen, die keine Funktion ausüben.

Kapitel 8

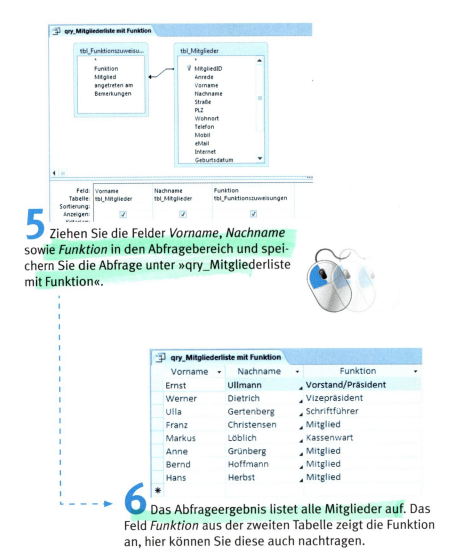

5 Ziehen Sie die Felder *Vorname*, *Nachname* sowie *Funktion* in den Abfragebereich und speichern Sie die Abfrage unter »qry_Mitgliederliste mit Funktion«.

6 Das Abfrageergebnis listet alle Mitglieder auf. Das Feld *Funktion* aus der zweiten Tabelle zeigt die Funktion an, hier können Sie diese auch nachtragen.

Spezialabfragen

In aktiven Datenbanken müssen ständig Daten erfasst, verschoben und gelöscht werden. Spezialabfragen erleichtern diese Arbeit. Einzelne Tabellenfelder oder ganze Listen können per Mausklick aktualisiert oder gelöscht werden.

Spezialabfragen

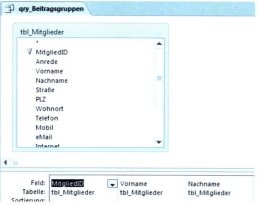

1 Die Abfrage *qry_Beitragsgruppen* bekommt die Mitgliedertabelle, die ID, das *Vorname*- und *Nachname*-Feld wird in den Ergebnisbereich geholt. Erstellen Sie ein weiteres Feld *Beitragsgruppe* über das *Zoom*-Fenster, welches Sie mit ⇧+F2 öffnen.

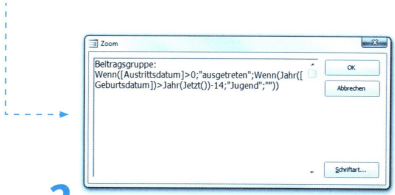

2 Schreiben Sie diese Formel, die dem neuen Feld *Beitragsgruppe* einen spezifischen, von anderen Feldern abhängigen Text zuweist. Speichern und schließen Sie diese Abfrage, die Sie für Berichte oder in weiteren Abfragen verwerten können.

291

Kapitel 8

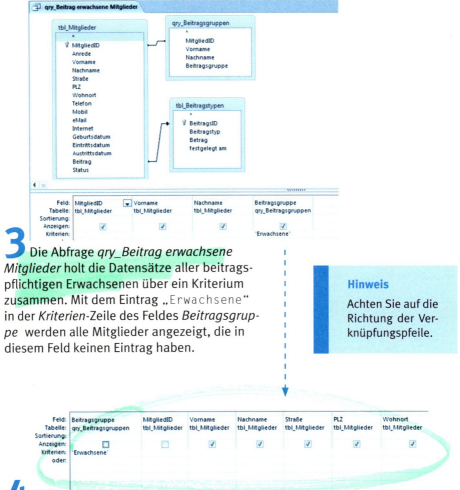

3 Die Abfrage *qry_Beitrag erwachsene Mitglieder* holt die Datensätze aller beitragspflichtigen Erwachsenen über ein Kriterium zusammen. Mit dem Eintrag „Erwachsene" in der *Kriterien*-Zeile des Feldes *Beitragsgruppe* werden alle Mitglieder angezeigt, die in diesem Feld keinen Eintrag haben.

> **Hinweis**
>
> Achten Sie auf die Richtung der Verknüpfungspfeile.

4 Schalten Sie die Anzeige der Felder aus, die Sie nicht in Listen und Berichten sehen wollen. Ergänzen Sie die Feldliste durch die übrigen Adressdaten, damit Sie die Abfrage später als Datenbasis für Berichte (zum Beispiel Beitragsrechnung) verwenden können.

Aktualisierungs- und Löschabfragen

Abfragen liefern nicht nur Informationen über die Daten aus Tabellen, sie können diese auch verändern. Entwerfen Sie Aktualisierungsabfragen, die Daten verändern, und Löschabfragen, die ganze Datensätze nach vordefinierten Kriterien löschen.

Spezialabfragen

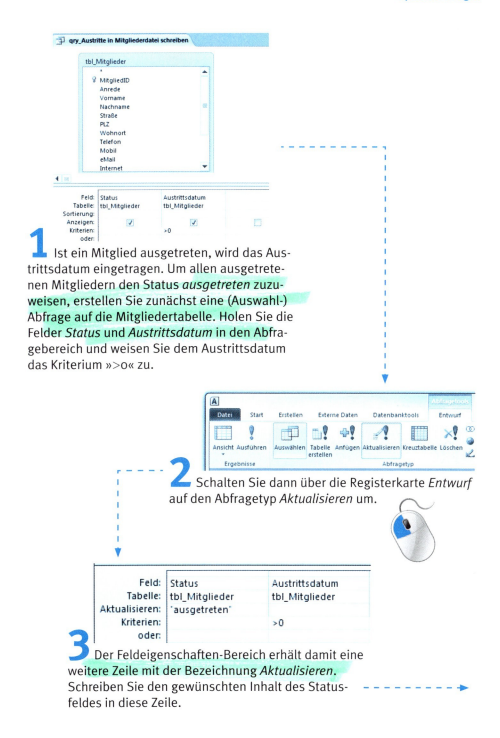

1 Ist ein Mitglied ausgetreten, wird das Austrittsdatum eingetragen. Um allen ausgetretenen Mitgliedern den Status *ausgetreten* zuzuweisen, erstellen Sie zunächst eine (Auswahl-)Abfrage auf die Mitgliedertabelle. Holen Sie die Felder *Status* und *Austrittsdatum* in den Abfragebereich und weisen Sie dem Austrittsdatum das Kriterium »>0« zu.

2 Schalten Sie dann über die Registerkarte *Entwurf* auf den Abfragetyp *Aktualisieren* um.

3 Der Feldeigenschaften-Bereich erhält damit eine weitere Zeile mit der Bezeichnung *Aktualisieren*. Schreiben Sie den gewünschten Inhalt des Statusfeldes in diese Zeile.

293

Kapitel 8

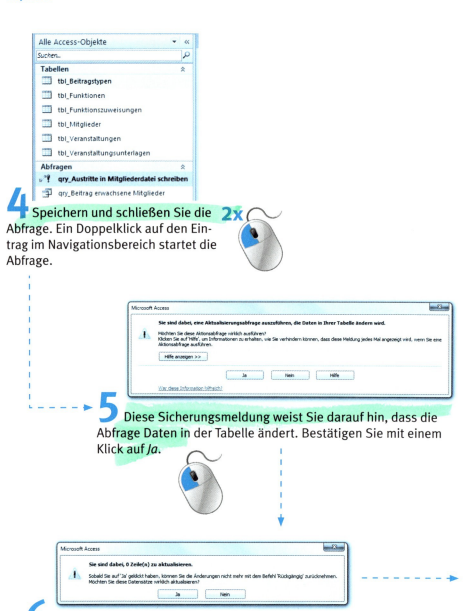

4 Speichern und schließen Sie die Abfrage. Ein Doppelklick auf den Eintrag im Navigationsbereich startet die Abfrage.

5 Diese Sicherungsmeldung weist Sie darauf hin, dass die Abfrage Daten in der Tabelle ändert. Bestätigen Sie mit einem Klick auf *Ja*.

6 In der nächsten Meldung sehen Sie, wie viele Datensätze von der Änderung betroffen sind. **Klicken Sie auf *Ja*,** um die Aktualisierung durchzuführen.

Ein Etikettenbericht

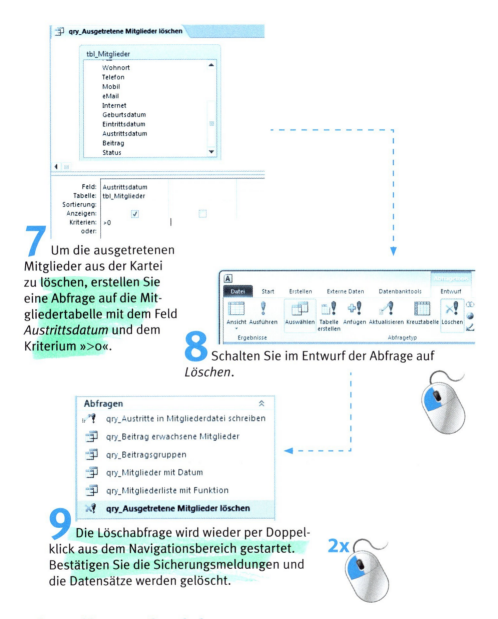

7 Um die ausgetretenen Mitglieder aus der Kartei zu **löschen, erstellen Sie eine Abfrage auf die Mitgliedertabelle mit dem Feld** *Austrittsdatum* **und dem Kriterium »>0«.**

8 Schalten Sie im Entwurf der Abfrage auf *Löschen*.

9 **Die Löschabfrage wird wieder per Doppelklick aus dem Navigationsbereich gestartet. Bestätigen Sie die Sicherungsmeldungen** und die Datensätze werden gelöscht.

Ein Etikettenbericht

Nutzen Sie den Berichts-Assistenten, um gruppierte Berichte für Mitgliederlisten, Veranstaltungsübersichten, Rechnungen und anderes zu erstellen, und drucken Sie die Etiketten für die Anschreiben mit dem passenden Etiketten-Assistenten.

Kapitel 8

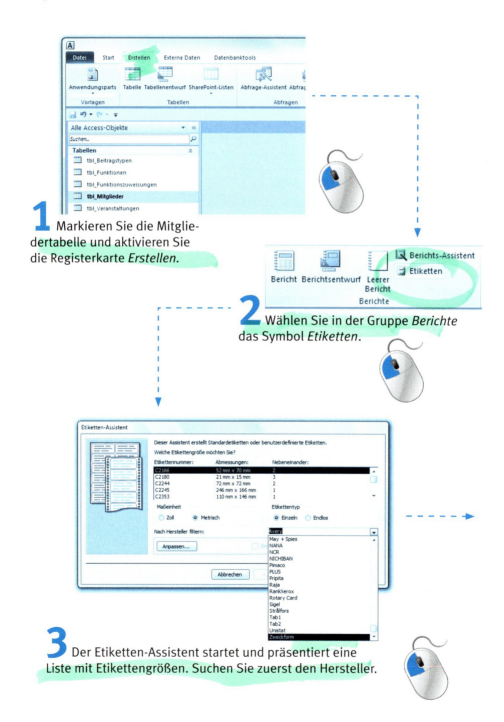

1 Markieren Sie die Mitgliedertabelle und aktivieren Sie die Registerkarte *Erstellen*.

2 Wählen Sie in der Gruppe *Berichte* das Symbol *Etiketten*.

3 Der Etiketten-Assistent startet und präsentiert eine Liste mit Etikettengrößen. Suchen Sie zuerst den Hersteller.

Ein Etikettenbericht

4 Im nächsten Schritt werden die Etikettenformate des gewählten Herstellers aufgelistet (die Nummer steht in der Regel auf der Etikettenpackung). Markieren Sie das passende Format und klicken Sie auf *Weiter*.

5 Hier können Sie die Schriftart und Schriftgröße für den Druck bestimmen. Schalten Sie anschließend auf *Weiter*.

Hinweis

Wenn Ihre Etiketten nicht dabei sind, können Sie per Klick auf *Anpassen* ein eigenes Format entwerfen.

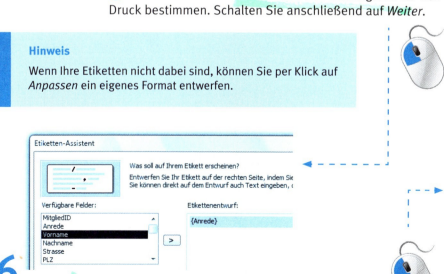

6 Markieren Sie jetzt nacheinander die einzelnen Felder und übernehmen Sie diese per Klick auf das Pfeilsymbol in den Entwurf.

Kapitel 8

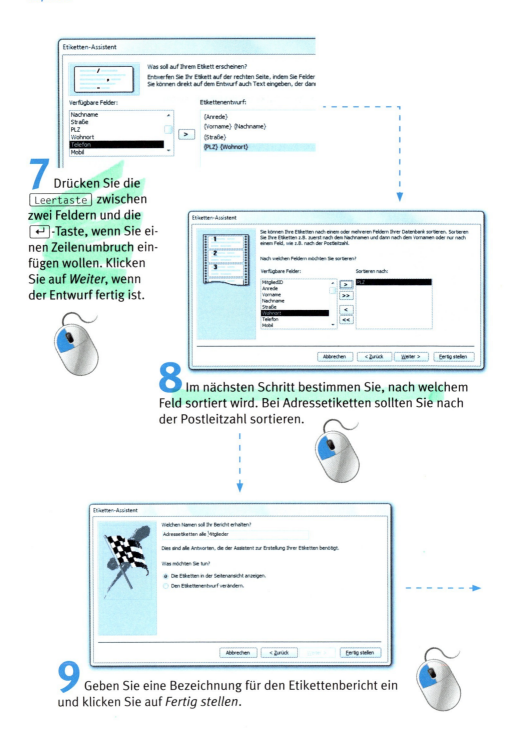

7 Drücken Sie die ⎵Leertaste⎵ zwischen zwei Feldern und die ↵-Taste, wenn Sie einen Zeilenumbruch einfügen wollen. Klicken Sie auf *Weiter*, wenn der Entwurf fertig ist.

8 Im nächsten Schritt bestimmen Sie, nach welchem Feld sortiert wird. Bei Adressetiketten sollten Sie nach der Postleitzahl sortieren.

9 Geben Sie eine Bezeichnung für den Etikettenbericht ein und klicken Sie auf *Fertig stellen*.

Serienbrief in Word erstellen

10 Der Etikettenbericht wird in der Berichtsansicht gezeigt. Schalten Sie um auf die Entwurfsansicht, wenn Sie die Anordnung der Felder oder das Etikettenlayout korrigieren wollen.

Mit dieser Formel in einem Textfeld werden die beiden Felder *Vorname* und *Nachname* mit einem Leerzeichen dazwischen verkettet:

=[Vorname] & „ " & [Nachname]

Die Funktion *Glätten* sorgt dafür, dass eventuell vorhandene Leerzeichen links und rechts vom Feld entfernt werden.

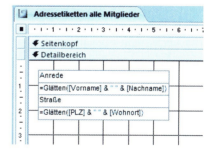

Serienbrief in Word erstellen

Für komplexere Anschreiben übergeben Sie die Adressen besser an Word und erstellen einen Serienbrief mit den verknüpften Access-Daten.

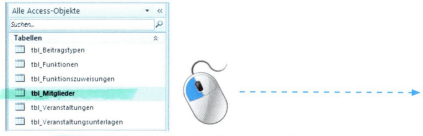

1 Markieren Sie im Navigationsbereich die Tabelle *tbl_Mitglieder*.

Kapitel 8

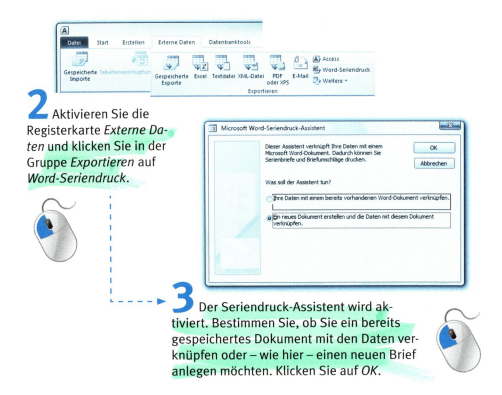

2 Aktivieren Sie die Registerkarte *Externe Daten* und klicken Sie in der Gruppe *Exportieren* auf *Word-Seriendruck*.

3 Der Seriendruck-Assistent wird aktiviert. Bestimmen Sie, ob Sie ein bereits gespeichertes Dokument mit den Daten verknüpfen oder – wie hier – einen neuen Brief anlegen möchten. Klicken Sie auf *OK*.

Word-Serienbrief gestalten

Den Serienbrief produzieren Sie im Programmfenster von Word, hier können Sie die Access-Datenbank als Quelle angeben.

1 Jetzt wird Microsoft Word gestartet. Der Seriendruck-Assistent schaltet sich automatisch ein und präsentiert insgesamt sechs Schritte im Aufgabenbereich.

Serienbrief in Word erstellen

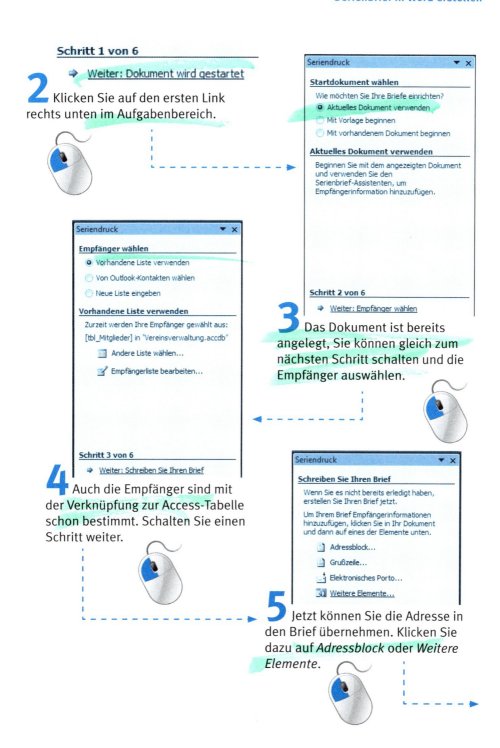

2 Klicken Sie auf den ersten Link rechts unten im Aufgabenbereich.

3 Das Dokument ist bereits angelegt, Sie können gleich zum nächsten Schritt schalten und die Empfänger auswählen.

4 Auch die Empfänger sind mit der Verknüpfung zur Access-Tabelle schon bestimmt. Schalten Sie einen Schritt weiter.

5 Jetzt können Sie die Adresse in den Brief übernehmen. Klicken Sie dazu auf *Adressblock* oder *Weitere Elemente*.

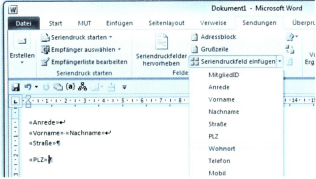

6 Holen Sie die einzelnen Felder aus dem Dialogfeld oder aus der Liste zum Symbol *Seriendruckfeld einfügen* (Registerkarte *Sendungen*).

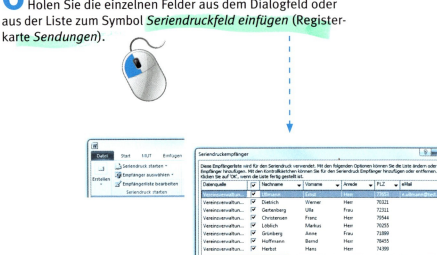

7 Bearbeiten Sie die Empfängerliste aus Access, wenn Sie Ihre Mitgliederdaten filtern oder sortieren wollen.

Serienbrief in Word erstellen

8 Klicken Sie in *Schritt 4 von 6* auf den Link *Weiter: Vorschau auf Ihre Briefe*, um die Vorschau für den Seriendruck zu sehen.

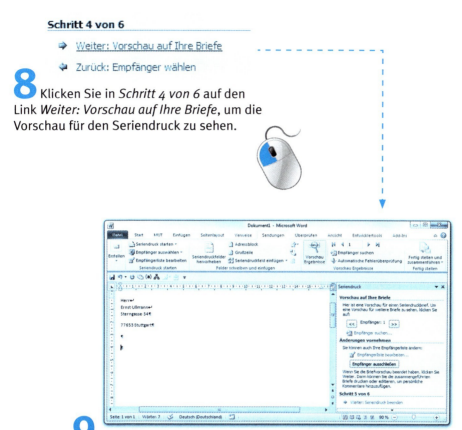

9 Der Serienbrief ist fertig, Sie können, nachdem Sie den Text erfasst haben, die einzelnen Briefe per Klick auf *Fertig stellen* in ein neues Dokument ausgeben oder direkt ausdrucken.

Speichern Sie Ihren Serienbrief und nutzen Sie ihn für alle Anschreiben an die Mitglieder in Ihrer Vereinsverwaltung. Wenn Sie einzelne Mitgliedergruppen anschreiben wollen (zum Beispiel Junioren), verknüpfen Sie den Serienbrief mit einer entsprechenden Abfrage.

Kapitel 8

Kleine Erfolgskontrolle

Hier wieder Ihr Erfolgserlebnis am Kapitelschluss: Wenn Sie alle Fragen richtig beantworten können, haben Sie die Themen im Kapitel aufmerksam studiert und ausprobiert.

Frage	Antwort
Smarttags werden bereits beim Entwurf eines Objektes definiert, und zwar	a) im Formularentwurf b) im Datenbankfenster c) im Tabellenentwurf d) im Berichtsentwurf
Damit eine Formularschaltfläche auf den Mausklick eine Aktion ausführt, ist sie	a) mit einer Abfrage verknüpft b mit einer Tabelle verbunden c) mit einem Hyperlink verknüpft d) mit einem Ereignis-Makro verknüpft
Formulare erzeugen automatisch Kombinationen mit Unterformularen,	a) wenn die Tabelle eine Verknüpfung zu einer anderen Tabelle enthält b) wenn sie mit dem Formular-Assistenten erzeugt werden c) wenn sie mit der Vorlage *Standard* verbunden sind d) wenn sie mit Abfragen verbunden sind
Eine Aktualisierungsabfrage	a) löscht die Daten aus der Tabelle und legt sie neu an b) aktualisiert das Datenbankfenster c) aktualisiert die Daten einer Verknüpfung d) aktualisiert die Daten in einem Feld der Tabelle nach dem Kriterium in der *Kriterien*-Zeile

Kleine Erfolgskontrolle

Frage	Antwort
Im Etikettenbericht werden die Felder, die in einer Etikettenzeile angegeben werden,	a) untereinander geschrieben b) mit dem &-Zeichen zu einer Zeichenkette verknüpft c) fett gedruckt d) nicht in der Seitenansicht angezeigt
Um die Adressentabelle mit einem Word-Serienbrief zu verknüpfen,	a) markieren Sie die Tabelle und klicken auf der Registerkarte *Externe Daten* in der Gruppe *Exportieren* auf *Weitere* b) öffnen Sie Word über das *Programme*-Menü c) kopieren Sie die Tabellendaten über die Zwischenablage in ein Word-Dokument d) starten Sie Word und importieren die Tabelle über das *Datei*-Menü

Das können Sie schon

Tabellen, Abfragen und Formulare entwerfen	77, 142, 158
Berichte verfassen, Abfragefelder berechnen	202, 236
Access-Daten nach Excel exportieren	253
Excel-Tabellen mit Access verknüpfen	259
Aktualisierungs- und Löschabfragen anlegen	290
Serienbriefe mit Word und Access erstellen	299

Das lernen Sie neu

Mit dem Hilfefenster arbeiten	308
Online-Hilfe nutzen	310
Troubleshooting (Fehler beseitigen)	312

Kapitel 9

Hilfe und Troubleshooting

Das wird Ihnen immer wieder mal passieren: Ihr Programm weigert sich einfach, das zu tun, was Sie gerade wollen, und reagiert mit einer unverständlichen Fehlermeldung. Oder es füllt den Bildschirm mit etwas, was Sie nicht kennen und zuordnen können. Was tun? Die wichtigste Regel zuerst: Alles hat einen Grund. Das Programm tut (fast) nichts, was nicht eine erklärbare und behebbare Ursache hat. Versuchen Sie also zunächst, den Fehler einzugrenzen. Nutzen Sie die Hilfefunktionen von Access, lesen Sie die Hilfetexte sorgfältig und probieren Sie es dann noch einmal.
In diesem Kapitel finden Sie einige dieser »unerklärbaren Phänomene« und unlösbaren Aufgaben sowie die passenden Lösungen dazu.

Kapitel 9

Wie erhalte ich schnell Hilfe?

Die Access-Hilfe steht in jedem Fenster zur Verfügung, ganz gleich, ob Sie sich in der Entwurfsansicht eines Formulars oder im Abfragebereich befinden. Sie finden für den Aufruf ein Fragezeichensymbol am rechten oberen Rand der Multifunktionsleiste.

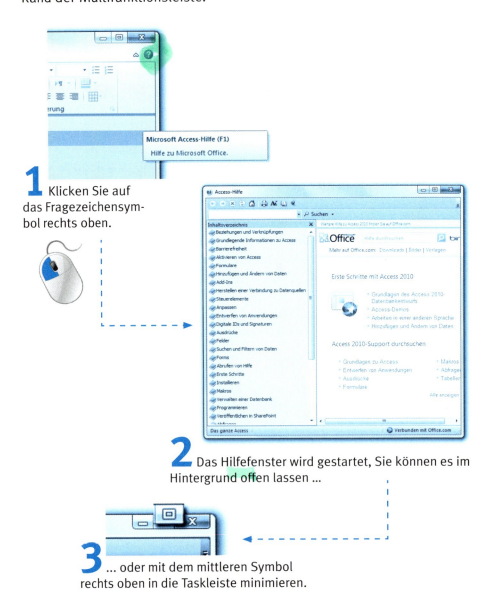

1 Klicken Sie auf das Fragezeichensymbol rechts oben.

2 Das Hilfefenster wird gestartet, Sie können es im Hintergrund offen lassen …

3 … oder mit dem mittleren Symbol rechts oben in die Taskleiste minimieren.

Wie erhalte ich schnell Hilfe?

Das Suchfeld

Links oben in der Menüleiste sehen Sie ein Eingabefeld. Hier können Sie eine beliebige Frage eintippen und mit der ⏎-Taste bestätigen. Sie erhalten sofort Hilfe (vorausgesetzt, die Frage ist von Access interpretierbar). Probieren Sie´s aus:

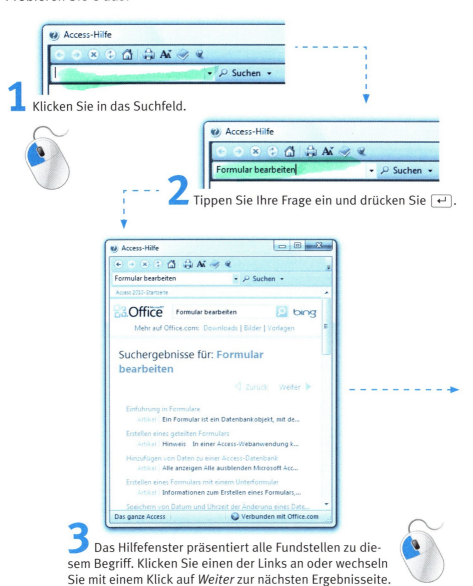

1 Klicken Sie in das Suchfeld.

2 Tippen Sie Ihre Frage ein und drücken Sie ⏎.

3 Das Hilfefenster präsentiert alle Fundstellen zu diesem Begriff. Klicken Sie einen der Links an oder wechseln Sie mit einem Klick auf *Weiter* zur nächsten Ergebnisseite.

Kapitel 9

4 Sie können auch auf *Suchen* klicken und die Suche auf die Access-Hilfe, auf die Vorlagen oder auf das Online-Angebot beschränken.

Microsoft Office Online

Nutzen Sie auch die Angebote von Microsoft im Internet für die Suche nach Hilfetexten, nach nützlichen Vorlagen oder nach Schulungsinhalten. Office Online ist die Microsoft-Unterstützungsseite im Internet. Rufen Sie diese auf, wenn Sie die aktuellsten Angebote rund um Access sehen wollen.

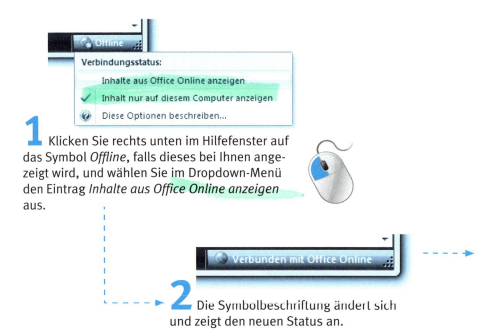

1 Klicken Sie rechts unten im Hilfefenster auf das Symbol *Offline*, falls dieses bei Ihnen angezeigt wird, und wählen Sie im Dropdown-Menü den Eintrag *Inhalte aus Office Online anzeigen* aus.

2 Die Symbolbeschriftung ändert sich und zeigt den neuen Status an.

Wie erhalte ich schnell Hilfe?

3 Suchen Sie auch in Foren und in der Microsoft Knowledge Base nach einer Antwort.

> **Hinweis**
>
> Die Microsoft Knowledge Base ist eine riesige Datenbank mit vielen Hilfetexten zu allen denkbaren Themen rund um Microsoft-Produkte.

Problem & Lösung

Jeder Bereich der Datenbank hat seine spezifischen Problemstellungen. Ob Sie im Tabellenentwurf arbeiten, ein Formular gestalten oder den Bericht anfertigen, immer werden Sie auf kleine Hürden und Hindernisse stoßen.

Hilfe, meine Tabelle streikt!

Bei der Arbeit an und mit Tabellen im Tabellenentwurf oder in der Tabellenansicht kann es immer wieder mal zu kleinen und größeren Problemen kommen. Hier eine Liste mit möglichen Problemfällen aus der Praxis und den dazu passenden Lösungsvorschlägen:

Problem	Lösung
Die Spalte ist nicht breit genug für die Daten.	Sie können jede Spalte verbreitern, indem Sie oben im Spaltenkopf die rechte Linie der Spalte nach rechts ziehen. Ein Doppelklick auf die rechte Spaltenlinie verbreitert die Spalte auf die optimale Breite.
Ich kann nur eine begrenzte Anzahl Zeichen eingeben.	Vermutlich ist das Feld im Tabellenentwurf nicht breit genug angelegt. Öffnen Sie die Tabelle in der Entwurfsansicht und ändern Sie in den Feldeigenschaften die erste Einstellung (*Feldgröße*) für dieses Feld.
Die Spalte müsste eigentlich anders heißen.	Kein Problem, klicken Sie die Spalte mit der rechten Maustaste an und wählen Sie im Kontextmenü den Eintrag *Spalte umbenennen* aus. Tippen Sie eine andere Spaltenbezeichnung ein. Dies ist dann gleichzeitig auch der neue Feldname in der Tabellenstruktur.

Problem & Lösung

Problem	Lösung
Ich kann in eine Spalte der Tabelle nichts eingeben, es ertönt nur ein Signalton.	Sehen Sie auch in die Statusleiste, die darauf hinweist, wenn Sie versuchen, eine Eingabe in einem AutoWert-Feld durchzuführen. Felder mit diesem Dateityp können nicht beschrieben werden, der Wert wird automatisch hochgezählt.
Die Eingabe in ein Feld wird nicht angenommen. Wie komme ich wieder raus?	Wenn Sie eine falsche Eingabe gemacht haben (zum Beispiel Text in ein Zahlenfeld), wird der Datensatz trotzdem als »Geändert« markiert. Drücken Sie die Esc -Taste, um das Feld zu verlassen.
Ich wollte einen gelöschten Datensatz zurückholen, aber *Rückgängig* ist in der Symbolleiste für den Schnellzugriff nicht aktiv.	Diese Option wird selten bei der Datenerfassung oder -änderung aktiv sein, denn alle Änderungen werden sofort in die Datenbank geschrieben. Das heißt auch, dass gelöschte Datensätze unwiederbringlich verloren sind.
Ich muss eine Telefonnummer immer in einem bestimmten Format eingeben, damit die Eingabe akzeptiert wird. Wie kann ich das umgehen?	Schalten Sie zur Entwurfsansicht der Tabelle um. Wenn Sie den Cursor in das Feld mit der Telefonnummer setzen, sehen Sie unten in den Feldeigenschaften unter *Eingabeformat* eine Eingabemaske, die Sie jederzeit löschen können.
Ein Feld meiner Tabelle enthält eine Liste von Vorschlägen. Ich möchte aber eigene Inhalte eingeben, doch das wird mir verweigert.	Das Feld wurde mit dem Nachschlage-Assistenten angelegt, und der bezieht die Daten wahrscheinlich aus einer anderen Tabelle. Öffnen Sie die Tabelle im Entwurfsmodus und aktivieren Sie den Assistenten noch einmal. Er bietet auch eine Option an, mit der Sie selbst Daten eingeben können.

Hilfe, mein Formular will nicht, wie ich will!

Formulare sind die besten Helfer bei der Datenerfassung, aber nur, solange sie funktionieren. Ein fehlerhaftes Formular kann Sie viel Zeit und Nerven kosten. Das aber können Sie sich womöglich ersparen, wenn Sie diese Hilfestellungen zum Formularmodus gelesen haben:

Problem	Lösung
Wenn ich die ⏎-Taste in einem bestimmten Feld drücke, springt die Markierung ein falsches Feld an.	Die Aktivierreihenfolge ist nicht korrekt. Schalten Sie in den Entwurfsmodus des Formulars und wählen Sie *Anordnen/Layout bestimmen/Aktivierreihenfolge*. Ziehen Sie das Feld, das aus der Reihe tanzt, mit dem Mauszeiger in dem grauen Kästchen am linken Rand an die gewünschte Position.
Mein Formular ist viel länger, als es sein sollte. Dies hat den Nachteil, dass nicht alle Felder auf einmal zu sehen sind, während unten ein großer Teil frei bleibt.	Der Formularfuß ist zu groß. Blenden Sie den Bereich, der meistens nicht gebraucht wird, aus. Öffnen Sie dazu das Formular im Entwurfsmodus und ziehen Sie die unterste Linie des Formulars nach oben, bis der Bereich *Formularfuß* geschlossen ist.
Mein Formular enthält Felder auf einer zweiten Seite, obwohl auf der ersten Seite genug Platz wäre. Wie kann ich das lästige Blättern verhindern?	Sie müssen die Felder im Formularentwurf entsprechend anordnen. Sehen Sie auch nach, ob nicht ein Seitenumbruch eingefügt wurde. Das ist eine kleine punktierte Linie am linken Rand des Entwurfsfensters.

Problem	Lösung
Ein Formular aus meinem Formularmodul zeigt keine Daten an. Was ist da passiert?	Sehen Sie sich an, mit welcher Tabelle oder Abfrage das Formular verbunden ist. Dazu schalten Sie in den Entwurfsmodus um und klicken zweimal links oben in die Ecke, in der sich das horizontale und vertikale Lineal treffen, auf das Feld mit dem kleinen schwarzen Quadrat. Im Eigenschaftsblatt überprüfen Sie die Datenherkunft. Wenn die hier angezeigte Tabelle oder Abfrage keine Daten liefert, dann ist auch das Formular leer.
Das erste Feld mit dem Datentyp *AutoWert* kann ich sowieso nicht beschriften. Wie kann ich dieses Formularelement sperren, sodass es bei der Datenerfassung gar nicht aktiv wird?	Markieren Sie das Steuerelement im Entwurfsmodus und öffnen Sie das Eigenschaftsblatt. Auf der zweiten Registerkarte *Daten* finden Sie die Eigenschaften *Aktiviert* und *Gesperrt*. Setzen Sie die erste auf *Nein* und die zweite auf *Ja*.
Datumswerte werden in Formularen immer im kürzesten Format angezeigt. Kann man diese Anzeige nicht erweitern, sodass zum Beispiel der Monat ausgeschrieben ist?	Man kann, und zwar wieder im Entwurfsmodus. Öffnen Sie die Eigenschaften des Steuerelements und markieren Sie die Zeile *Eingabeformat*. Wenn Sie das Symbol rechts an der Zeile anklicken, erhalten Sie einen Assistenten zur Seite gestellt, der Ihnen zeigt, wie Sie dem Element ein erweitertes Datumsformat beibringen.
Wenn ich ein Kombinationsfeld anlege, schaltet sich der Assistent nicht mehr ein. Was ist da passiert?	Da haben Sie das Assistenten-Symbol in den Formularentwurfstools ausgeschaltet. Damit wird der Assistent nämlich aktiviert.

Hilfe, meine Abfrage funktioniert nicht!

Die Abfrage als Basis für Formulare oder Berichte fasst Daten aus verschiedenen Tabellen zusammen. Achten Sie dabei besonders auf die richtigen Beziehungen und verwenden Sie keine Felder, die es nicht gibt.

Problem	Lösung
An meiner Abfrage sind zwei Tabellen mit je 20 Datensätzen beteiligt. Führe ich die Abfrage aus, erhalte ich 400 Datensätze als Ergebnis. Was ist da falsch?	Die beiden Tabellen sind nicht oder nicht richtig miteinander verknüpft. Wenn mehr als eine Tabelle im Abfragefenster steht, muss eine Verknüpfungslinie von einem Feld der ersten Tabelle zu einem Feld der anderen Tabelle zeigen.
Ich habe gleich zu Beginn vergessen, eine Tabelle einzufügen. Kann ich das nachholen?	Klicken Sie mit der rechten Maustaste in den Tabellenbereich und wählen Sie im Kontextmenü den Eintrag *Tabelle anzeigen*. Jetzt können Sie weitere Tabellenfenster hinzufügen. Wenn Sie eines der Fenster nicht mehr brauchen, löschen Sie es mit der [Entf]-Taste.
Meine Abfrage zeigt mir einige Felder nicht an, obwohl diese im Abfrageentwurf aufgeführt sind.	Überprüfen Sie, ob in der Zeile *Anzeigen* das Häkchen in dem jeweiligen Feld gesetzt ist.
Ich versuche, das Abfrageergebnis nach mehreren Feldern zu sortieren. Welches Feld wird denn als Erstes sortiert?	Das Feld, das im Abfrageentwurf am weitesten links steht.
Wie kann ich die Abfrage nach einem Feld sortieren, das gar nicht angezeigt wird?	Ziehen Sie den Feldnamen ganz nach links in die erste Spalte und nehmen Sie in der Zeile *Anzeigen* das Häkchen weg.

Problem & Lösung

Problem	Lösung
Ich möchte das Ergebnis einer Abfrage in eine neue Tabelle schreiben. Wie gehe ich vor?	Schalten Sie unter *Entwurf* auf den Abfragetyp *Tabelle erstellen*. Damit erzeugen Sie eine neue Tabelle, wenn Sie die Abfrage ausführen. Den Tabellennamen geben Sie gleich mit dem Umschalten auf den Abfragetyp an.
Wenn ich meine Abfrage starte, erhalte ich immer ein Dialogfeld angezeigt, in dem ein mir unbekanntes Feld angefordert wird (Parameter). Was ist da falsch?	Sie haben in einer Spalte oder in einer Formel einen Feldnamen verwendet, den es nicht (mehr) gibt. Vielleicht haben Sie das Feld vorher aus der Tabellenstruktur gelöscht oder es handelt sich schlicht um einen Tippfehler.
Woran liegt es, wenn das Abfrageergebnis grundsätzlich leer ist?	In der Praxis stimmen meist die Kriterien in der *Kriterien*-Zeile nicht. Grenzen Sie das Problem ein, indem Sie jedes Feld einzeln in die Abfrage holen, Kriterien eingeben und die Abfrage ausführen. Sehen Sie in der Hilfe unter dem Begriff »Kriterien« nach.

Hilfe, mein Bericht zeigt nicht an, was er soll!

Noch ausgefeilter als der Formularentwurf ist der Berichtsentwurf. Die vielen Bereiche sind nicht einfach zu handhaben, und für die ersten wirklich brauchbaren Berichte werden Sie viel Zeit brauchen.

Problem	Lösung
Mein Bericht zeigt zwar alle Beschriftungen an, liefert aber keine Datensätze.	Sehen Sie sich die Datenherkunft an. Wenn Sie im Berichtsentwurf auf das Kästchen links oben mit dem kleinen schwarzen Quadrat klicken, können Sie im Eigenschaftenfeld nachlesen, welche Tabelle oder Abfrage die Daten liefert.

Problem	Lösung
In meinem Bericht sind die Zeilenabstände viel zu groß.	Öffnen Sie den Berichtsentwurf und sehen Sie sich den Detailbereich an. Wenn Sie die obere Linie des nachfolgenden Bereiches ganz nahe an die Steuerelemente heranziehen, wird der Abstand geringer. Eventuell müssen Sie vorher die Elemente mit einem Mausklick links außen markieren und ganz nach oben schieben.
Wie kann ich ein Gruppierungselement löschen, das ich nicht mehr brauche?	Im Berichtsentwurf wählen Sie auf der Registerkarte *Entwurf* in der Gruppe *Gruppierung und Summen* die Option *Gruppieren und sortieren*. Damit können Sie Gruppenfelder hinzufügen und löschen.
Mein Bericht passt in der Horizontalen nicht auf eine Seite. Was kann ich tun? Muss ich alle Steuerelemente einzeln verkleinern?	Nein, probieren Sie zunächst unter *Seite einrichten*, ob Sie durch Verkleinern der Seitenränder oder Anpassen der Spaltenbreiten zum Erfolg kommen.
Wenn ich eine Berichtsspalte verkleinern will, muss ich zuerst die Beschriftung im Seitenkopf, dann das Element im Detailbereich bearbeiten. Geht das nicht schneller?	Doch. Sie können einfach mit der Maus einen Rahmen um die beiden Elemente ziehen, um diese zu markieren. Wenn Sie jetzt ein Element verkleinern, wirkt sich das auch auf das andere Element aus.
Wie kann ich die Berichtsdaten auf ein Formular ausgeben, auf dem Berichtskopf und -fuß bereits vorgedruckt sind?	Aktivieren Sie die Registerkarte *Seite einrichten*. Schalten Sie in der Gruppe *Seitenlayout* das Kontrollkästchen *Nur Daten drucken* ein.

Antworten zu den Erfolgskontrollen

Kapitel 1

In der **Systemsteuerung** (1) kann die Access-Installation auf Vollständigkeit geprüft und nachinstalliert werden.

Die Abkürzung DBMS steht für **Datenbank-Managementsystem** (2). Sie bezeichnet die Software, mit der eine Datenbank verwaltet wird.

Access 2010 starten Sie über das **Windows-Startmenü** (3), für einen schnellen Start ziehen Sie das Symbol in die **Taskleiste** (4).

Eine Access-Datenbank besteht aus **Tabellen** (5), Abfragen, **Formularen** (6), Berichten und Makros.

Den Kern einer Datenbank bilden Tabellen, die miteinander verknüpft sind. Eine Datenbank mit Verknüpfungen nennt man **relationale Datenbank** (7).

In der Tabelle wird jede Spalte als **Feld** (8) bezeichnet, die Spaltenüberschrift ist gleichzeitig der Feldname.

Mit der **Normalisierung** (9) teilen Sie die Daten in mehrere Tabellen auf und vermeiden Datenredundanz.

Eine Access 2010-Datenbank wird in einer Datei mit der Erweiterung **accdb** (10) gespeichert; die Datei kann bis zu **2 Gigabyte** (11) groß sein.

In der Beispieldatenbank *Northwind Traders* sind Tabellen verknüpft; die Verknüpfungen können über **Datenbanktools/Beziehungen** (12) eingesehen werden.

Antworten zu den Erfolgskontrollen

Kapitel 2

Frage	Antwort
Das Angebot an Datenbankvorlagen finden Sie im ...	b) *Datei*-Menü
Die Übersicht über alle Objekte (Tabellen, Formulare, Abfragen, Berichte) der Datenbank heißt ...	a) Navigationsbereich
Um ein Objekt im Navigationsbereich zu öffnen, klicken Sie es ...	b) doppelt an
Standardmäßig werden die Objekte der Datenbank ...	c) als Registerkarten nebeneinandergestellt
Um ein Formular zu gestalten, schalten Sie es um in die ...	c) Entwurfsansicht
Datenbankvorlagen finden Sie auch im Internet auf der Seite von ...	c) Office Online

Kapitel 3

Frage	Antwort
Welche Endung haben Access 2010-Datenbankdateien?	b) ACCDB
Wie heißt der Felddatentyp, der automatisch eine fortlaufende Nummer zeugt?	d) AutoWert
Woran erkennen Sie, dass einem Feld ein Primärschlüssel zugewiesen wurde?	a) Im Entwurfsfenster am Schlüsselsymbol links am Zeilenrand

Frage	Antwort
In welchen Anzeigemodus schalten Sie bei der Arbeit mit diesem Symbol um?	d) Entwurfsmodus
Was bedeutet das Bleistiftsymbol, das links am Rand eines Datensatzes angezeigt wird?	d) Der Datensatz ist gerade in Bearbeitung.
Wozu dient der Eintrag *Nachschlage-Assistent* in der Liste der Felddatentypen?	b) Für Wertelisten oder Verknüpfungen auf andere Tabellen
Was erzwingt eine Gültigkeitsregel?	a) Dass der Datensatz nur gespeichert wird, wenn die Regel nicht verletzt wird
Was wird mit einem formularbasierten Filter gefiltert, wenn im *Wohnort*-Feld »München« eingetragen ist?	b) Alle Datensätze, in denen der Wohnort München ist

Kapitel 4

	Frage	Richtig	Falsch
1	Die Tabellenstruktur regelt die Anzahl und Eigenschaften der einzelnen Felder einer Tabelle.	X	
2	Primärschlüsselfelder dürfen nur eindeutige Inhalte enthalten.	X	
3	Der Nachschlage-Assistent wird über den Navigationsbereich aktiviert.		X
4	Eine relationale Verknüpfung kann über die SQL-Anweisung im *Feldeigenschaften*-Fenster kontrolliert werden.	X	

	Frage	Richtig	Falsch
5	Das *Beziehungen*-Fenster zeigt alle relationalen Beziehungen zwischen den Tabellen an.	X	
6	Beziehungen sind im *Beziehungen*-Fenster an gestrichelten Linien zwischen den verknüpften Feldern zu erkennen.		X
7	Formulare können mit einem einzigen Klick auf ein Symbol erstellt werden.	X	
8	Das Formular, das mit dem *Formular*-Symbol erstellt wird, ist nicht sofort mit der zuvor markierten Tabelle verknüpft.		X
9	Ein automatischer Bericht präsentiert sich sofort im Entwurfsmodus.		X
10	Automatische Formulare und Berichte werden sofort unter einem von Access zugewiesenen Namen gespeichert.		X

Kapitel 5

Eine neue Datenbank enthält automatisch eine erste Tabelle, weitere Tabellen werden über die Registerkarte **Erstellen** (1) erstellt. Das erste Feld einer Tabelle sollte immer vom Typ **AutoWert** (2) sein. Für Verknüpfungen zwischen Tabellen wird als Felddatentyp der **Nachschlage-Assistent** (3) gewählt, er produziert eine **SQL-Anweisung** (4) für die relationale Beziehung. Voraussetzung ist, dass das verknüpfte ID-Feld einen **Primärschlüssel** (5) besitzt. Für eine manuelle Verknüpfung muss ein Feld vom Datentyp *Zahl* in der Größe **Long Integer** (6) erstellt werden. Auf der Registerkarte **Datenbanktools** (7) wird das Symbol *Beziehungen* angeklickt, und die Verknüpfung entsteht durch Ziehen einer **Linie** (8) mit gedrückter Maustaste zwischen zwei Feldnamen. Die Verknüpfungseigenschaften werden nach einem **Doppelklick** (9) auf die Linie sichtbar. Für sichere Verknüpfungen sorgt die **referentielle Integrität** (10). Daten können nicht gelöscht oder verändert werden, wenn das nicht im Sinne der Beziehung ist. Der Formular-Assistent wird auf der Registerkarte **Erstellen** (11) in der Gruppe *Formulare* aktiviert. Für verknüpfte

Felder werden automatisch **Kombinationsfelder** (12) in das Formular eingefügt, diese »Dropdowns« können auch in der **Entwurfsansicht** (13) manuell eingezogen werden. Das passende Werkzeug findet sich in den Formularentwurfstools unter *Entwurf*/**Steuerelemente** (14). Für die richtige Ansteuerung der Elemente sorgt die **Aktivierreihenfolge** (15).

Kapitel 6

Frage	Antwort
Im Unterschied zu Tabellen enthalten Abfragen keine Daten, sondern	b) berechnete Ergebnisse aus Tabellen oder anderen Abfragen
Der Abfrageentwurf enthält im oberen Teil des Fensters	d) die Feldlisten der Tabellen, die an der Abfrage beteiligt sind
Ein Klick auf das *Entwurf*-Symbol im Abfrageentwurf schaltet um auf	b) das Abfrageergebnis (ein Datenblatt)
Das Abfrageergebnis ist zuerst nach dem Feld sortiert,	a) das im Entwurf am weitesten links steht und in der Zeile *Sortierung* einen Eintrag hat
Das *Summen*-Symbol im Abfrageentwurf wird verwendet,	c) um eine neue Zeile mit Rechenfunktionen im Entwurfsbereich einzublenden
Gruppenwechsel zeigt der Berichtsentwurf an über	d) einen eigenen Kopfbereich für das gruppierte Feld

Kapitel 7

Für das Formulardesign bietet die Multifunktionsleiste in der Entwurfsansicht die beiden zusätzlichen Registerkarten **Entwurf** (1) und *Anordnen*. Für ein Steuerelement, das eine Formel enthalten soll, erstellen Sie ein **Textfeld** (2) und schreiben die Formel im Eigenschaftsblatt in die Zeile **Steuerelementinhalt** (3). Im Abfrageentwurf öffnen Sie das *Zoom*-Fenster in der Feldnamenzeile mit ⇧+F2 (4). Um eine Abfrage zu filtern, wird der Filterausdruck in die **Kriterien-Zeile** (5) geschrieben, für Parameterabfragen steht dieser Ausdruck in **eckigen Klammern** (6). Um eine Tabelle an Excel zu übergeben, klicken Sie auf der Registerkarte **Externe Daten** in der Gruppe *Exportieren* auf das *Excel*-Symbol. Importiert wird eine Excel-Tabelle über **Externe Daten/Importieren** (8). Excel-Tabellen werden wie alle Tabellen im Navigationsbereich angezeigt. Nur das **Symbol** (9) weist auf die Herkunft aus Excel hin. Im Abfrageentwurf können Sie neben Tabellen und Abfragen aus Access auch Excel-Tabellen verwenden. Verknüpft werden die Felder einfach im Abfrageentwurf durch **Ziehen** (10) einer Linie zwischen den Verknüpfungsfeldern.

Kapitel 8

Frage	Antwort
Smarttags werden bereits beim Entwurf eines Objektes definiert, und zwar	c) im Tabellenentwurf
Damit eine Formularschaltfläche auf den Mausklick eine Aktion ausführt, ist sie	d) mit einem Ereignis-Makro verknüpft
Formulare erzeugen automatisch Kombinationen mit Unterformularen,	a) wenn die Tabelle eine Verknüpfung zu einer anderen Tabelle enthält
Eine Aktualisierungsabfrage	d) aktualisiert die Daten in einem Feld der Tabelle nach dem Kriterium in der *Kriterien*-Zeile
Im Etikettenbericht werden die Felder, die in einer Etikettenzeile angegeben werden,	b) mit dem &-Zeichen zu einer Zeichenkette verknüpft
Um die Adressentabelle mit einem Word-Serienbrief zu verknüpfen,	a) markieren Sie die Tabelle und klicken auf der Registerkarte *Externe Daten* in der Gruppe *Exportieren* auf *Weitere*

Lexikon

Abfrage Eine Vereinbarung darüber, welche Felder aus einzelnen Tabellen angezeigt werden, wahlweise auch mit Angabe der Sortierung und Kriterien, die dazu erfüllt sein müssen. Abfragen werden gespeichert und geben bei jedem Aufruf die aktuellen Daten aus den Tabellen wieder. Abfragen speichern selbst keine Daten.

AutoWert Der Datenfeldtyp, der dafür sorgt, dass im Feld automatisch eine Nummer hochgezählt wird, wenn ein neuer Datensatz angelegt wird. Auto-Wert-Felder können nicht vom Benutzer überschrieben werden.

Ausdrucks-Generator Ein Dialogfeld, in dem Formeln konstruiert werden. Es wird im Abfrageentwurf für eine Spalte aktiviert, unter anderem mit der Tastenkombination Strg+F2.

Aktivierreihenfolge Bestimmt, in welcher Reihenfolge die Felder eines Formulars angesteuert werden, wenn dieses zur Erfassung oder Bearbeitung von Tabellendaten geöffnet wird. Wenn nach dem Drücken der ↵-Taste das falsche Feld markiert ist, müssen Sie die Aktivierreihenfolge ändern (Registerkarte *Anordnen*).

Assistent Die Access-Assistenten sind Programme, die zur Gestaltung einer Tabelle, eines Formulars, einer Abfrage oder eines Berichtes aktiviert werden können. Sie führen den Benutzer im Dialog bis zum fertigen Objekt.

Auswahlbasierter Filter Ein Filter, der die aktuelle Markierung zum Kriterium erhebt. Steht die Markierung zum Beispiel beim Aufruf dieses Filters im Feld *Ort* auf einem Eintrag »München«, werden nur Datensätze angezeigt, die in diesem Feld diesen Eintrag haben.

Befehlsschaltfläche Gezeichnete Elemente auf Formularen, die als Eigenschaft eine Verknüpfung zu einem VBA-Programm oder einem Makro besitzen und dieses aktivieren, wenn sie bei der Arbeit mit dem Formular angeklickt werden. Befehlsschaltflächen zeichnet man mit einem Werkzeug aus der Toolbox.

Bericht Damit wird die Art der Ausgabe von Datenfeldern auf dem Drucker gestaltet und gespeichert. Ein gespeicherter Bericht enthält selbst keine Daten, sondern nur die Anordnung der Daten. Erst bei der Ausgabe in der Seitenansicht oder auf dem Drucker werden die Daten aus der Tabelle oder Abfrage eingemischt.

Beziehung Tabellen unterhalten eine Beziehung, wenn sie über gemeinsame Felder verknüpft sind. Ist die Lieferantennummer in einer Artikeltabelle

Lexikon

mit der Lieferantennummer in der Lieferantentabelle verknüpft, so stehen diese beiden Tabellen miteinander in einer Beziehung.

ClipArts So nennt man Grafiken, die am Computer erstellt und im Computer gespeichert sind. ClipArts können mithilfe von Objektfeldern in Formulare und Berichte eingebaut werden.

Cursor Die Schreibmarke, die in einem Eingabefeld blinkt, wenn dieses mit der Maus angeklickt wird. Der Cursor kann in diesem Feld mit den Cursortasten verschoben werden.

Dateiname Die Bezeichnung für eine auf dem Datenträger gespeicherte Datenmenge (Datei). Dateinamen können bis zu 255 Zeichen, auch Leerzeichen und einige Sonderzeichen enthalten. An den Dateinamen wird, mit einem Punkt als Trennzeichen, die Dateiendung (zum Beispiel ACCDB für Access 2007/2010-Datenbanken) angehängt. Wenn Sie diese Endungen nicht sehen, schalten Sie diese in den Optionen des Explorer-Fensters ein.

Datenbank Die Sammlung von Objekten (Tabellen, Abfragen, Formularen, Berichten, Makros, Modulen) zur Speicherung und Bearbeitung von Daten. Access ist ein Programm zur Bearbeitung von Datenbanken.

Datensatz Eine Zeile in einer Tabelle wird Datensatz genannt. Auch die in einem Formular angezeigte Belegung der Felder ist ein Datensatz, ebenso die Ausgabe einer Zeile im Detailbereich eines Berichtes.

Datensatzmarkierer Wenn ein Datensatz in einem Formular, Datenblatt oder in einer Tabelle bearbeitet wird, zeigt der Datensatzmarkierer links am Zeilen- bzw. Formularrand den Status an. Ein Bleistift signalisiert, dass die letzte Änderung nicht gespeichert wurde, das schwarze Dreieck kennzeichnet gespeicherte Datensätze.

Datentyp Siehe Felddatentyp

Datum Access bezieht das aktuelle Datum aus dem Betriebssystem, das sich dieses aus einer batteriebetriebenen Uhr des Computers holt. Um das Datum in Felder, Formulare oder Berichte einzubinden, gibt es mehrere Datumsfunktionen (=Datum(), =Monat() etc.). Eine Liste der Funktionen erhalten Sie im Editorfenster.

Drucken Gedruckt wird das aktuell am Bildschirm bearbeitete Objekt über das Druckersymbol oder im *Datei*-Menü unter *Drucken*. Access übernimmt den von Windows zur Verfügung gestellten Systemdrucker, kann selbst keine Druckerinstallation bieten. Vor dem Druck lassen sich aber verschiedene Einstellungen (*Anzahl Exemplare* etc.) vornehmen.

Editor Das ist ein Eingabefenster, das bei der Bearbeitung der Feldeigenschaften von Tabellenfeldern, Formularen oder Berichtsfeldern geöffnet werden kann. Dazu steht rechts am markierten Eigenschaftenfeld eine kleine Schaltfläche mit drei Punkten. Der Editor bietet alle Formeln und Funktionen an, die in dieses Feld eingebracht werden können.

Eigenschaft Jedes Element auf einem Formular oder Bericht, jedes Tabellenfeld hat seine Liste von Eigenschaften. In Formular-/Berichtsfeldern werden diese nach Doppelklick oder mit Klick auf das Eigenschaftensymbol in einem separaten Fenster sichtbar, Tabellenfeldeigenschaften sehen Sie jeweils in der unteren Hälfte des Entwurfsfensters.

Entwurfsansicht In dieser Ansicht wird die Struktur einer Tabelle (mit Feldliste) bearbeitet. In dieser Ansicht sehen Sie, wie in einem Formular oder Bericht die Felder und anderen Elemente (Texte, Linien, Grafik) angeordnet sind. Zum Umschalten in die Entwurfsansicht steht links oben ein Symbol zur Verfügung.

Excel Das Kalkulationsprogramm von Microsoft liefert Daten an Access (Import) oder übernimmt diese aus Tabellen (Export). Die Registerkarte *Externe Daten* bietet die Werkzeuge dafür an.

Exklusiv Datenbanken können grundsätzlich von mehreren Benutzern gleichzeitig bearbeitet werden, außer, Sie haben diese exklusiv geöffnet. Dazu wird beim Öffnen der Datenbank im Dropdown-Menü zur Schaltfläche *Öffnen* die Option *Exklusiv öffnen* gewählt. Die Datei ist dann für jeden anderen Benutzer gesperrt.

Feld So nennt man eine Spalte in einer Tabelle oder das Element auf einem Formular oder Bericht, das bei der Anzeige (Formular) oder Ausgabe (Bericht) mit Daten gefüllt wird. Tabellenfelder haben Feldeigenschaften, Formular-/Berichtsfelder besitzen Steuerelementeigenschaften.

Felddatentyp Damit bestimmt der Hersteller einer Datenbank, welche Art von Daten in das Feld eingegeben werden dürfen. Ist das Feld vom Typ *Text*, gibt der Benutzer wahlweise Text, Zahlen und Sonderzeichen ein. Zahlenfelder dürfen nur Zahlen enthalten, Datumsfelder nur Datumswerte usw. Ein besonderer Typ ist AutoWert. Dieses Feld füllt sich bei neuen Datensätzen automatisch mit der nächsthöheren Zahl.

Feldname Felder müssen im Tabellenentwurf einen Namen bekommen, der dann bei der Anzeige der Tabelle als Spaltenbeschriftung dient. Im Formular oder Bericht ist der Feldname weniger wichtig, er kann über die Steuerelementeigenschaften bestimmt werden.

Filter Mit einem Filter sorgen Sie dafür, dass nur eine bestimmte Teilmenge der Daten ausgegeben wird, die eine Tabelle oder eine Abfrage enthält. Filter werden temporär eingeschaltet im Tabellenblatt, im Datenblatt oder im

Formularmodus, sie verlieren ihre Wirkung, wenn das Objekt geschlossen wird. Um Filter permanent einzusetzen, werden diese in Abfragen gesetzt und mit den Abfragen gespeichert.

Formel Ein mathematischer Ausdruck zur Berechnung von Daten, der meist neben Operatoren (+, − ...) und logischen Zeichen (> größer, < kleiner ...) die Felder einer Tabelle mit einbezieht. Feldnamen werden dann in eckige Klammern geschrieben (zum Beispiel =[Menge]*[Preis]). Formeln können in der Tabellenstruktur, in Abfragen und im Formular-/Berichtsentwurf zum Einsatz kommen.

Funktion Damit bezeichnet man eine mathematische Berechnung, die vom Programm angeboten wird. Die Funktion =SUMME([feldname]) berechnet die Summe aller Inhalte von *feldname*. Funktionen kommen in Abfragen und im Formular-/Berichtsentwurf zum Einsatz. Eine Liste aller Funktionen bietet der Editor, der über das Symbol mit den drei Punkten am rechten Rand eines bearbeiteten Feldes aktiviert wird.

Homepage So heißt die Website einer Firma oder einer Privatperson. Wird eine Internetadresse aufgerufen, erscheint in der Regel die Homepage. Access kann solche Homepage-Aufrufe mit einem eigenen Felddatentyp (*Hyperlink*) in Datensätzen speichern.

HTML Die Sprache des Internets. In HTML sind die Webseiten programmiert. Access speichert Datenzugriffsseiten im HTML-Format.

Hyperlink Das ist eine Verknüpfung in einem Datensatz, die auf eine Internetadresse verweist. Hyperlinks können aber auch auf Formularen und Berichten eingesetzt werden, um von einem Objekt in ein anderes zu wechseln. Mit Hyperlinks lassen sich sogar andere Programme wie Excel oder Word aktivieren.

Importieren/Exportieren Um Daten von »außen«, das heißt von anderen Dateien, in die Datenbank zu integrieren, werden diese importiert. Dabei gibt es die Möglichkeit, eine dynamische Verknüpfung herzustellen, wobei die Originaldaten an ihrem Platz bleiben, oder die Daten vollständig einzubinden. Exportiert werden Daten, wenn sie in einer anderen Datenbank, einem anderen Dateiformat gebraucht werden. So können beispielsweise Access-Tabellen als Excel-Tabellen exportiert werden.

Kennwort Neben dem Benutzerkennwort, das Sie als Windows-Anwender eingeben müssen, um Zugang zum Betriebssystem zu haben, kann auch die Datenbank kennwortgeschützt sein. Damit wird sie verschlüsselt, die Datei lässt sich nur noch mit Eingabe des richtigen Kennworts öffnen. Das Kennwort wird über die Registerkarte *Datenbanktools* zugewiesen.

Lexikon

Kombinationsfeld So nennt man die Steuerelemente, die auf Klick eine Liste von Daten anbieten (auch: Dropdown-Felder). Kombinationsfelder kommen nur in Formularen vor. Sie werden entweder von Assistenten erstellt oder direkt über das gleichnamige Werkzeug aus der Toolbox eingezeichnet. Wo die Daten herkommen, entscheidet die Elementeigenschaft *Datensatzherkunft*.

Kopf-/Fußbereich Formulare und Berichte sind in Bereiche unterteilt, und im Kopfbereich steht meist die Überschrift. Der Fußbereich enthält Seitennummern und andere Elemente. Im Bericht gibt es die Unterscheidung zwischen Berichtskopf/-fuß und Seitenkopf/-fuß.

Kriterien In Abfragen können einzelne Felder mit Kriterien versehen werden. Dazu gibt man das Kriterium in die gleichnamige Zeile ein und die Daten, die von der Abfrage ausgegeben werden, sind nach diesem Kriterium gefiltert.

Makro So nennt man eine Abfolge von Aktionen, die im Programm Access durchgeführt werden. Access-Makros sind kleine Programme, die Objekte öffnen und schließen, Meldungen ausgeben und Datensätze ansteuern bzw. bearbeiten. Makros sind die zeitsparende Alternative zu VBA-Prozeduren, sind aber nicht so flexibel wie diese.

Makrosicherheit Damit schützt Access den Anwender vor Makroviren. Die Sicherheitsstufe wird im Sicherheitscenter (*Datei*-Menü) eingestellt und kann wahlweise den Zugriff auf makrogesteuerte Dateien ganz verhindern oder nach Bestätigung zulassen.

Modul So wird ein Programmblatt mit VBA-Prozeduren im Visual Basic Editor bezeichnet (Aufruf über *Datenbanktools/Makros*).

Menüband Die Schaltzentrale von Access 2010 am oberen Rand des Programmfensters, wird auch als *Backstage* bezeichnet. Sie enthält Registerkarten, die in Gruppen unterteilt sind, mit den Programmbefehlen als Symbolen.

Navigation So heißt das Bewegen in Tabellen, das Blättern zwischen Datensätzen und das Ansteuern bestimmter Datensätze. Zur Navigation bieten das Tabellen- oder Datenblatt und das Formular passende Pfeilschaltflächen im Datensatznavigator (links unten im Fenster).

Navigationsbereich Das Fenster am linken Rand des Programmfensters, das alle Elemente der Datenbank anzeigt (Tabellen, Abfragen, Formulare, Berichte). Der Navigationsbereich kann in verschiedene Ansichten geschaltet werden, die Gruppen lassen sich individuell einstellen, filtern und benennen.

Lexikon

Objekt Eine Tabelle, ein Formular, eine Abfrage sind Objekte, auch ein Bericht oder ein Makro. Der Navigationsbereich verwaltet alle Objekte einer Datenbank.

OLE Abkürzung für Object Linking and Embedding. Die Bezeichnung steht für eine Methode, Teile aus anderen, fremden Programmen in ein Access-Fenster einzubinden. Soll zum Beispiel ein Datensatz ein Bild enthalten, dann muss für dieses ein Feld mit dem Felddatentyp *OLE-Objekt* vorgesehen sein. Wird der Datensatz dann erfasst, kann in diesem Feld der Name des OLE-Objektes stehen (der Dateiname des Bildes).

Parameterabfrage Ein Parameter ist die zusätzliche Information, die zur Ausführung einer Abfrage benötigt wird, und die Parameterabfrage fordert diese an, bevor sie die Daten aus den an der Abfrage beteiligten Tabellen zusammenstellt und ausgibt. Um eine Parameterabfrage zu erwirken, wird die Frage einfach in eckigen Klammern in die *Kriterien*-Zeile des jeweiligen Feldes geschrieben.

Primärschlüssel Das Feld in der Tabellenstruktur, das jeden einzelnen Datensatz eindeutig identifiziert. Der Inhalt des Feldes darf sich in keinem anderen Feld wiederholen. Nur so ist gewährleistet, dass Verknüpfungen zwischen Tabellen funktionieren. Wenn bei der Neuanlage einer Tabellenstruktur kein Primärschlüsselfeld zu finden ist, legt Access dieses automatisch an.

Prozedur So bezeichnet man ein Programm, das in VBA (Visual Basic für Applikationen) geschrieben und in einem Modulblatt gespeichert ist. Prozeduren werden den Eigenschaften von Steuerelementen oder Befehlsschaltflächen in Formularen zugewiesen.

Referentielle Integrität Damit überwacht Access die Beziehungen zwischen Tabellen und sorgt dafür, dass keine Daten verloren gehen können. Wenn versucht wird, in einer Tabelle Daten zu löschen, auf die eine andere Tabelle Bezug nimmt, wird die referentielle Integrität diesen Versuch verhindern.

Registerkarten Das Menüband ordnet alle Symbole in Registerkarten, die wiederum in Gruppen unterteilt sind. Manche Registerkarten sind kontextbezogen. Beispielsweise wird die Registerkarte *Entwurf* nur dann angezeigt, wenn ein Objekt im Entwurfsmodus geöffnet ist. Auch die aktiven Objekte der Datenbank werden in Registerkarten im Arbeitsbereich angeordnet.

Replikation Mit dieser Methode wird eine Datenbank kopiert, und die Kopien der Datenbank können Änderungen an Daten austauschen (synchronisieren).

Sortieren Tabellen können nach einzelnen Spalten (Feldern) sortiert werden. Dazu wird nur die Spalte markiert und das Sortiersymbol aktiviert. Eine aufsteigende Sortierung ordnet zuerst die Sonderzeichen und Zahlen, dann die Texte alphabetisch von A bis Z.

SQL Server Ein Datenbankprogramm bzw. eine Datenbank, aus der Access über ein Projekt Daten übernehmen kann.

Steuerelement So bezeichnet man ein Feld in einem Formular oder Bericht. Steuerelemente haben Eigenschaften, die im Entwurfsmodus zugewiesen und bearbeitet werden.

VBA Abkürzung für Visual Basic für Applikationen. Die Programmiersprache, die mittlerweile einheitlich ist für die Office-Produktfamilie. VBA-Programme (Prozeduren) werden in Modulblättern im letzten Modul des Datenbankfensters angelegt und gepflegt und von Befehlsschaltflächen oder über die Eigenschaften von Steuerelementen aktiviert. Es gibt auch automatische Prozeduren, die eine Datenbank ohne Aufruf von Benutzerseite steuern. VBA-Programmierung ist echte objektorientierte Programmierung.

Word Das Textprogramm aus der Office-Produktfamilie mit direkter Schnittstelle zu Access-Tabellen. So können zum Beispiel Tabellendaten oder Abfrageergebnisse als Word-Seriendruckquelle übermittelt werden. Access-Daten lassen sich über die Registerkarte *Externe Daten* im Word-Format als Textdateien exportieren.

XML Dieses Dateiformat kann Access produzieren und importieren. Einzelne Tabellen werden dazu im XML-Format exportiert oder über die Import-Funktion eingelesen.

Zoom-Fenster Mit ⇧+F2 aufgerufen, stellt es den Inhalt des Feldes, in dem sich die Schreibmarke oder die Markierung gerade befindet, in einem großen Dialogfeld dar. *Zoom*-Fenster erleichtern das Erstellen und die Nachbearbeitung komplexer Formeln in Abfragespalten, in Steuerelementen oder in der Tabellenstruktur.

Liebe Leserin, lieber Leser,

herzlichen Glückwunsch, Sie haben es geschafft. Access 2010 ist Ihnen nun vertraut. Ist es Ihnen nicht viel leichter gefallen, als Sie am Anfang dachten? Genau das ist das Ziel unserer Bücher aus der easy-Reihe. Sie sollen helfen, erfolgreich die ersten Schritte zu gehen, und den Leser auf keinen Fall mit unverständlichem Fachchinesisch überhäufen.

Als Lektorin hoffe ich, dass Sie durch das Buch die richtige Unterstützung bekommen haben. Denn für Ihre Zufriedenheit stehen alle Beteiligten mit ihrem Namen: der Verlag, die Autoren, die Druckerei.

Aber niemand ist perfekt. Wenn Sie Anregungen zum Buch und zum Konzept haben: Schreiben Sie uns.

Denn nur durch Sie werden wir noch besser.

Ich freue mich auf Ihr Schreiben!

Birgit Ellissen
Lektorin Markt + Technik
Pearson Education Deutschland GmbH
Martin-Kollar-Str. 10-12
81829 München
E-Mail: bellissen@pearson.de
Internet: http://www.mut.de

Stichwortverzeichnis

A

Abfrage 16, 179
    aktualisieren mit 292
    filtern 193
    Kriterien in 245
    löschen mit 292
    mit Rechenfunktion 197
    mit Excel-Tabellen 262
    Summe in 249
Abfrage-Assistent 184
Abfragedaten sortieren 188
Abfrageentwurf ändern 188
Abfrageentwurf speichern 191
Abfragekriterien 329
ACCDB 21
Access-Optionen 38
Access starten 28
Adressen 85
Adressverwaltung 74
Aktivierreihenfolge 171
Aktualisierungsabfrage 293
Anlage 90, 108
Anordnung der Feldnamen 89
Artikeldaten 44
Assistent 325
Aufgabendatenbank 57
Aufsteigende Sortierung 113
Ausdrucks-Generator 92
Auswahl ausschließender Filter 114
Auswahlbasierter Filter 114
Automatische Formulare 136
Automatischer Bericht 142
AutoWert 90

B

Befehlsschaltfläche 325
Befehlsschaltflächen-Assistent 280

Beispielvorlagen 56
Bericht 16, 142
    Entwurfsansicht 206
    mit Gruppierung 202
Bestellungen 44
Betriebssystem 20
Beziehungen 49, 224, 276, 325
Beziehungsfenster 49, 134
Beziehungsformen 19
Bilddateien 105
Blättern in Datensätzen 138

C

ClipArts 326
Cursor 326

D

Dateien 20, 21
Dateierweiterung 21
Dateiname 21, 326
Dateitypen 23
Datenbank 326
    neu 30, 75
    schließen 34
Datenbankentwurf 218
    Regeln für 19
Datenbankordner 21
Datenbanktools 134
Datenblattansicht 82
Daten
    erfassen 239
    in Tabelle eingeben 83
    sortieren 112
Datenintegrität 96
Datensatz 326
Datensatzmarkierer 87
Datensatznavigator 86

Stichwortverzeichnis

Datentyp 326
Datenverlust 89
Datum 89
　im Formular 236
Datumsformat 222
Datum/Uhrzeit 92
DBMS 14
DropDown-Elemente 166
Drucken 326

E

Editor 326
Eigenschaft 327
Eigenschaftenblatt 234
Entwurfsansicht 327
Erfassungsformular 218, 226
Erster Datensatz 86
Etikettenbericht 295
Etikettenformate 297
Excel 253
Excel-Tabelle verknüpfen 259
Exklusiv-Modus 327
Exportieren 328

F

Feld 327
Felddatentyp 89, 327
　ändern 89
　Liste 89
Feldeigenschaften 14
Feldlänge 15
Feldname 327
Feldstruktur 124
Fenster 67
Festplatte 20
Filter 327
　auswahlbasiert 325
　formularbasiert 118
Filterfunktionen 114
Filtern 114
Formel 299

Formular 15, 158
　berechnete Felder in 236
　geteilt 139
　schließen 280
Formular-Assistent 158
Formularbasierte Filter 115
Formulardesign 229
Formularentwurf 61
Fotobearbeitungsprogramm 107
Fotos 105, 165
Fragefeld 309
Funktion 328
Funktionstasten 11

G

Gruppe 114
Gruppenwechsel 202
Gültigkeitsregel 94

H

Hilfe 41, 308
Homepage 328
HTML 328
Hyperlink 90, 97, 285
Hyperlinkfeld 274

I

Importieren 328
Installation Access 25
Integrität 19
　referentielle 330

J

Ja/Nein 90

K

Kennwort 328
Knowledge-Base 311
Kontrollleuchten 11

Stichwortverzeichnis

Kopf-/Fußbereich 329
Kriterien 193
   in Abfragen 245
Kriterienzeile 292
Kunden 74

L

Laufwerk 20
Laufwerkbuchstabe 20
Layoutänderung 51
letzter Datensatz 86
Lieferanten 44

M

Makros 40
Memo 89, 97
Menüband 329
Microsoft Office Online 310
Mitarbeiterdaten 74
Multimedia-Archiv 150

N

n\m-Beziehung 52
Nachschlage-Assistent 90, 99, 129
Nächster Datensatz 86
Navigation 329
Navigationsbereich 62
Navigationstasten 10
Navigieren in Tabellen 86
Netzwerk 20
Normalisierung 17
Northwind Traders 44

O

Object Linking And Embedding 330
Objekt 330
Office Online 310
OLE 330
OLE-Objekt 90
Ordner 20, 21

P

Parameterabfrage 247
Primärschlüssel 81, 127
Problem 312
Programme 25
Prozedur 330

R

Referentielle Integrität 156
Regeln für Feldnamen 77
Registerkarten 66
Relational 49
Relationale Beziehungen 17, 134, 153
Relationale Verknüpfung 124

S

Schaltflächen in Formularen 276
Schlüsselspalte 131
Schreibmaschinen-Tastenblock 11
Serienbrief in Word 299
Sicherheitscenter 40
Sicherheitswarnung 45, 59
Smarttag 273
Sondertasten 11
Sortieren 330
Spalten breiter 84
Spezialabfragen 240, 290
Spezialfilter 115
Standarddateiformat 39
Start 24
Startdialog 44
Steuerelemente 229
   neu 231
Symbolleiste 35
Symbolleiste für den
   Schnellzugriff 37
Systemsteuerung 25

335

Stichwortverzeichnis

T

Tabellen 14
  anlegen 33
  filtern 114
  manuell verknüpfen 154
Tabellenentwurf 73, 77
Tabellenstruktur 89
Tagesdatum 237
Taskleiste 30
Text 89
Textfeld 79

U

Übungsdatenbanken 23
Unterformular 140, 282

V

VBA 330, 331
Verbundformular 162
Vereinsverwaltung 271
Verkaufspersonal 44
Verknüpfung mit Excel-Tabelle 258
Verknüpfungsart 289
  in Abfragen 267
Versandfirmen 44
Verzeichnisse 21
Visual Basic für Applikationen 330

W

Währung 90
Wartungsinstallation 25
Word 299, 300

Z

Zahl 89
Zahlenblock 11
Zeitfelder 222
Zoom 242
Zoom-Fenster 331